校長の条件

寺崎 千秋 著

教育出版

目次

はじめに　変革の時代の校長

★「校長、校長、絶好調！」

「校長先生、校長先生」大きな声で呼ぶ声がする。声の方を振り向くと、区の女性センター二階のベランダに低学年らしい子どもが数人、手を振りながら叫んでいる。

「校長先生、絶好調！」、「校長、校長、絶好調！」

元気な声で嬉しそうに叫んでいる。思わず「オー、ありがとう！」と、こちらも手を振って叫んでしまった。校長職二校十年の最後の年の秋。集団下校の様子を見まわって学校へ戻る途中だった。「校長、校長、絶好調」と思わぬ声を掛けられ、嬉しいやら恥ずかしいやら。

実はこのとき、絶好調どころか絶不調の心境だった。学校では子どものいたずらから発した保護者の苦情、多様な課題を抱えた子どもの対応、担任と子どもの人間関係のこじれによる学級経営の課題等々の問題が次々と起きていた。ここまでは穏やかな学校運営が続いていた。「これで無事終わりを迎えられるかな」と安心していたのだが、あと少しのところで「やはり来たか」と身を引き締め、これらの解決に向けて取り組んでいる最中だった。先輩から「終わりの頃はけっ

こういろいろ起こるから気を付けた方がいいよ」と言われていたことを思い出していた。「こういうことか」と思いながら、解決に取り組んでいたところだった。

大声を上げていた子どもたちはそんなことはつゆ知らず、面白半分で囃し立てている。「校長、校長、絶好調！」元気な声に後ろを押された感じがした。「絶好調に見えるか、よし、絶好調！笑顔で最後までがんばろう」と思い返し、子どもたちから元気をもらった気分で学校に自転車を走らせた。子どもたちにとっては「校長」とは「校長先生」なのだ。これまで通り笑顔の校長先生で終わろうと決心した瞬間だった。いろいろあったが終わりを迎えたとき、ＰＴＡ役員が花束をもってあいさつに来た。そのとき、「学校に来ると校長先生がいつも笑顔で迎えてくれたのがとても有り難くホッとしていた」と言ってくれた。この贈る言葉が何よりであった。

★「校長」とは、「校長先生」とは

子どもたちにとって校長とはどんな人だろうか。自分のことを思い出してみると、小中高校を通じて校長の話を聞いた覚えがあるが話をしたことは記憶にない遠い存在だった。「校長、校長と威張るな校長。校長、先生の成れの果て」なんて囃し立てていた記憶がある。今は違う。校長先生として身近な存在になった。一年生が生活科の学校探検で校長室にやってきていろいろと質問する。聞くことは、「校長先生ってなにしているの？」。全校朝会で朝礼台に上がり挨拶したり、お話したりすることは知っている。時々教室をのぞきに来ることもある。後ろで授業を見ている

こともある。それ以外の時は何をしているのかは全くわからない、見えない。そんな子たちに「校務をつかさどり、所属職員を監督する」などと言ってもわからない。学校行事等で「校長先生の話」を聞いたり、遠足や移動教室の引率をしてくれたりなどが見えるがそれは職務のごく一部であり、肝心のところは見えない。見えるのは近くで見守っている「校長先生」の姿であろう。それでもかつてよりは近い存在になっている。

教職員にとって「校長」とは自分が勤める学校の長であり、学校経営、学校管理の責任者であり直属の上司でもある。校長の学校経営ビジョンが示されその実現に向けて教育活動や学校運営を任されて遂行する。校務分掌組織に位置付けられた担当職務を命じられ校務を推進する。自分の職務を人事考課する存在でもある。時に教育者でもある「校長先生」として教育や指導のアドバイスをもらう先輩であり、子どものことを語り合う同僚でもある。

保護者にとって「校長」は我が子が通う学校の最高責任者であり代表者でもある。先生の先生として「校長先生」を見ている。学校で一番偉い人ということになっている。全員が経験するわけではないが、何か問題があれば意見や苦情を言ったり相談したりする相手でもある。

地域の人々にとって「校長」は、我が地域にある大事な地域の学校の長、責任者であり、地域のことを一緒に考え一緒に活動する人でもある。自分たちが学校の教育や運営等に協力する際の学校の代表者であり、子どもたちの「校長先生」としても見ている。

地域の教育委員会からすれば、「校長」は都道府県や政令指定都市の教育委員会から送り込まれてくる課長級の中間管理職である。一学校の長であるが、教育委員会から職務を委任され、教育委員会の方針に沿って委任された職務を遂行する存在となっている。一方で「校長先生」という教育者としての識見や人間性に期待するものがある。保護者や地域の人々と一体になってよりよい学校づくりに励むことを期待している。

★「校長」になるとき、何を思っているか

「校長」に昇任し、任命先の学校が決まった時、そして四月一日に赴任した時、どんな思いで学校の門をくぐっただろうか。校長室の校長の椅子に座った時、どんな思いや考えが込み上げてきただろうか。校長席の後ろは壁か窓であり、後ろには誰もいない。副校長の時は後ろに校長がいて頼ること、相談することがすぐできたが、校長になると後ろには誰もいない。学校の中では自分が最後の砦なのだ。振り向いて初めて味わう孤独感。

校長職、初任の時はどんな思いで始まっただろうか。

「さあ、これから校長としてがんばるぞ！」という自らを鼓舞する思い。

「自分に校長職が勤まるだろうか」という不安な思い。

「何とかなるだろう、なるようにしかならない」という開き直った思い。

「いよいよ、自分がやりたい学校経営ができる」、「考えを溜めておいた学校づくりをやるぞ」、

等々、教頭・副校長時代に温めてきた考えや構想を実現することに燃える思い。「やっと校長になったが、何をやろうか」、かつてそんなことをつぶやいた新人校長もいた。まだ目標やビジョンが見えないのだろうか。これから実態をよく見て考えようとしていたのだろうか。

一方、校長として二校目・三校目に赴任した校長は、これまでの経験を生かしてさらなる向上を目指す思いを強くしているか。新たな地域・学校で新たな学校づくりを目指す思いか。残りを穏やかにという思いが強いか。いずれにしても初心に戻って一からやる心構えが必要であろう。

学校に赴任すると、多くの教職員が玄関に出て歓迎の言葉を発してくれる。下駄箱にも歓迎の言葉が貼ってある。「学校長」「校長先生」と呼ばれて校長になったことを実感する。しかし、のっけから即決が必要な相談や事務等が押し寄せてくる。校長職がすぐに始まる。

校長になったことの重みを最も感じるのは始業式の時だ。七百余名の子どもたちを目の前にし、じっとこちらを見つめる目を意識した時、「この子たちの命を預かっている」と言う思いで一瞬身震いした。ここから校長、校長先生が始まる。前任の校長との引き継ぎの際、「十年校長をやったが、子どもを白木の箱に入れて送り出すようなことがなかったのが何よりだ」と、ふと漏らしたのを聞いて「最低限そうありたい」と願ったことを覚えている。

四月当初は駆け巡りの一週間。教職員への挨拶、副校長・主幹等の幹部との当面の日程等の確認、地域を回って主な方々への着任の挨拶、教育委員会主催の校長会、校長自らが主催する校長会、近隣地域の校長会、ＰＴＡ役員との顔合わせが続く。校内では、最初の職員会議で転入者の紹介、新年度の学級担任等の発表、校長の学校経営方針説明、教育課程・年間指導計画の確認、校務分掌組織・役割分担の確認と当面の打ち合わせ、始業式、入学式の計画の確認、等々が続く。

最初の大きな学校行事である入学式が終わるとホッと一息つくが、すぐに校長としての職務が待っており、休む間はない。

★校長冥利に尽きる

校長になっての何よりの喜びは子どもたちが育っていることを実感する時である。

全校朝会で七百余名の子どもが「気を付け、前へならい」などと号令を掛けられなくても、自分たちで整列して朝会の始まりを待っている。ほんの一分で整然と整列する。六年生の代表が輪番で週の挨拶、学習や生活のめあてを披露しみんなに声を掛ける。遠足では、帰りの時間になると三々五々に集まり、これも静かに整列する。そうして自主的に行動することができるようになってきたとき、育ったなと嬉しくなる。

五年生が移動教室から帰ってきて、校庭で「帰校式」を行う。校庭には百名ほどの子どもたちが校庭開放でにぎやかに遊んでいた。困ったな、一声かけるかと思っていたら、子どもたちは静かに校庭に座りこちらを見ていた。「おやっ、どうしたのかな」と思っていたら、六年生の一人が両手を挙げてＯＫマークをつくっていた。そうか、六年生が下級生に「五年生が帰校式をやるから座って待つように」と声を掛けてくれたのだとわかった。最高学年らしい気遣いができるようになっていることが嬉しかった。下級生はそうした配慮や五年生の帰校式を見て学んでいる。

職員室前の廊下の壁面には、各学年・学級の「短作文」が掲示してある。始めて一年がたつと作文の内容が上達し、文字も端正に書くようになっている。毎月一回、全校一斉に朝の十五分間、共通テーマで作文を書く。一年もたつと六百字程度を十五分で書き終えてしまうようになった。下級生が上級生の作文を読んでいる。自然と力がついていく。

こうした一つひとつは小さな一歩だが、これらの積み上げが子どもを日々育んでいく。その陰には先生たちの日々の授業、創意工夫や努力、協力があり、その賜物であり感謝の思いである。こうした姿を見出せることは校長冥利に尽きる喜びである。

変革の時代に校長となり「校長先生」と呼ばれるようになる時、どのような校長・校長先生になろうか、なりたいか。どのような学校を創っていきたいか。どんな子どもをどのように育てていきたいか、いけばよいか。本書がこれから校長を目指す先生、校長として更なる高みを目指す校長先生が、あらためて「校長の条件」を考える材料となれば幸いである。

本書の構成は以下のようになっている。

「第1章　今、求められている校長の役割」では、現在において求められ期待されている校長の役割について、法規等、国や教育委員会、教育関係の学会の示すものなどから取り上げてみた。

「第2章　校長に求められる能力」では、時代の先端に立って学校経営に邁進する校長に必要な能力について、筆者がこれまでに論じたり、管理職研修などで講話したりした内容や、全国各地の校長との交流等から学んだことなどを基に十の視点でまとめてみた。

「第3章　学校を変えていく毎月の学校経営」では、校長が学校経営目標、その具現のための経営方針を実現するためのリーダーシップやマネジメント等の能力をどう発揮するかについて、月ごとに視点とその具体的な方策や手立て等に関する実践知や経験知をまとめてみた。

「第4章　先端をリードする校長の講話・挨拶・スピーチ等」では、子どもや地域の人々などとの直接的な関わりの機会に行う校長の講話・挨拶・スピーチ等を効果的に行うための視点やポイントを示した。

「第5章　学校の危機管理」では、よりよい学校づくりを目指す過程において、必ずと言ってよいほど、大なり小なりに様々な危機が発生する。どこの学校にも起こり得る危機をどうマネジメントするかを示した。

以上の内容が、これから校長になる皆さん、今後さらに校長として活躍が期待される皆さんの行くべき方向を少しでも明るいものにすることになればと願っている。

第1章 今、求められている校長の役割

「校長になりたい」、「校長になろう」と考えたとき、校長がどのような役割をもち、どのように職務をこなしているのか、これまでに見聞きしてきただろうがそれがすべてではない。見えないところ、見せない部分もある。いったいどんな仕事をどのようにやっているのだろうか。よくわからないところがあるだけに果たして自分に勤まるだろうかという不安もある。

1　基本的な職能

(1) 法規では

「校長」の職務は、学校教育法三七条四項において「校務をつかさどり、所属職員を監督する」と規定されている。

「校務」とは学校における業務のすべてを指す。具体的には①教育課程、生徒指導等の学校教育の管理、②人事・評価等の所属職員の管理、③学校施設の管理、④学校事務の管理を言う。校長はこれらすべてをやるわけではなく、所属職員に校務を分掌させて遂行させる。

「所属職員」とは副校長、主幹教諭、主任教諭、教諭、養護教諭、事務職員など、学校に働くすべての職員を指す。

「監督」とは①職務上の監督（勤務時間中における「職務専念の義務」等の監督）、②身分上の監督（勤務時間の内外を問わない「信用失墜行為の禁止」等の監督）を行うこと。

以上を「四管理・二監督」と言っている。このように校長の職務は法規で規定されており、この責務を全うすることのできる力量が求められる。

この他に、校長の職務については各法規に以下の事項が規定されている。

- **学校教育法**…児童・生徒の懲戒、体罰の禁止（一一条）
- **学校教育法施行令**…出席簿の作成（一九条）
- **学校教育法施行規則**…指導要録の作成（二四条）出席簿の作成（二五条）児童・生徒の懲戒（二六条）卒業証書の授与（五八条）授業終始の時刻決定（六〇条）臨時休業の決定（六三条）
- **地方教育行政の組織及び運営に関する法律**…所属職員の進退に関する意見の具申（三九条）
- **教育公務員特例法**…研修の承認（二二条）
- **学校保健安全法**…伝染病による出席停止（一九条）
- **学校施設の確保に関する政令**…目的外使用の禁止（三条）
- **消防法**…防火管理者の選任と消防計画の作成・実施（八条）
- **結核予防法**…定期健康診断の実施（四条）
- **管理運営に関する規則**…校長の職務　休日の授業実施・振替休業　教育課程の届出宿泊を伴う行事の届出　教材の選定、届出
- **教育委員会から委任又は補助執行を命じられた事項**…勤務時間の割り振り　職員の公民権の行使及び育児時間の利用承認　職員の給与減額免除に関すること

これらの内容を把握し教職員の職務遂行、教育課程、学校運営の円滑な実施や危機管理などに努めることが大事な職務である。

（２）国が求める校長の資質能力の向上

二〇二二（令和四）年に文部科学省が「公立の小学校等の校長及び教員としての資質の向上に関する指標の策定に関する指針」（改正案）を示した。同指針では校長に求められる基本的な役割を大別して、「学校経営方針の提示、組織づくり及び学校外とのコミュニケーション」の三つに整理している。また、「これらの基本的な役割を果たす上で、従前より求められている教育者としての資質や的確な判断力、決断力、交渉力、危機管理等のマネジメント能力に加え、これからの時代においては、特に、さまざまなデータや学校が置かれた内外環境に関する情報について収集・整理・分析し共有すること（アセスメント）や、学校内外の関係者の相互作用により学校の教育力を最大化していくこと（ファシリテーション）が求められる」とし「**アセスメント**」と「**ファシリテーション**」を重視している。今後、具体的な指標の内容が示されることになっており、それをしっかりと認識し、踏まえて学校経営に取り組むことが求められよう。

（３）教育委員会が求める校長の能力

例えば、東京都の場合は、校長の職務について「学校管理職育成指針」（二〇一三（平成二五）年五月）で「学校管理職に求められる『学校マネジメント能力』」として以下の能力と要素を示している。

①学校経営力

- 学校経営目標の達成（課題設定、課題解決、組織運営、教育課程管理）
- 所属職員管理（配置管理、服務管理、メンタルヘルス）
- 危機管理（学校事故対応、組織的対応、防災対応）
- 情報管理（セキュリティ対策、情報収集・分析・活用）
- 学校事務管理（学籍等管理、文書事務管理、財務管理、施設管理）

②外部折衝力

- 保護者・地域対応（要望把握・対処、説明責任）
- 学校広報（学校説明・広報）　・外部人材活用・連携（活用・連携）
- 関係諸機関との連携（教育委員会・学校経営支援センター連携、外部連携）

③人材育成力

- 人材発掘（発掘）　・人材育成指導（育成指導、キャリアプラン指導）
- 人事考課（理解、面接指導、業績評価）　・校内研修企画（企画・運営）

④教育者としての高い見識

- 使命感　・教育施策への理解　・教育理念　・専門性

(4) 日本教育経営学会が示す「校長の専門職基準」

日本教育経営学会は二〇〇九年に「校長の専門職基準二〇〇九」を公表し、二〇一二年に一部修正版を公表した。「学校の自主性・自律性の確立」を目指す教育改革の進展に伴い、校長は従来以上に学校経営の責任者としての確かな専門的力量が求められているとし、教育活動の組織化をリードする校長像を以下の七つの基準によって構成している。「校長はこれらの実現を図りながら教育活動の組織化をリードすることによって、あらゆる児童生徒のための教育活動の質を改善する」ことを求めている。(①〜は基準の具体的内容の項目名)

基準1 「学校の共有ビジョンの形成と具現化」

校長は、学校の教職員、児童生徒、保護者、地域住民によって共有・支持されるような学校のビジョンを形成し、その具現を図る。

①情報の収集と現状の把握 ②校長としての学校のビジョンの形成 ③関係者を巻き込んだ共有ビジョンの形成 ④共有ビジョンの実現 ⑤共有ビジョンの検証と見直し

基準2 「教育活動の質を高めるための協力体制と風土づくり」

校長は、学校にとって適切な教科指導及び生徒指導等を実現するためのカリキュラム開発を提唱・促進し、教職員が協力してそれを実施する体制づくりと風土醸成を行う。

①児童生徒の成長・発達に対する校長の責任　②共有ビジョンを具現化するカリキュラム開発　③児童生徒の学習意欲を高める学校環境　④教職員の意欲向上に基づく教育実践の推進　⑤教職員が能力向上に取り組める風土醸成

基準３「教職員の職能開発を支える協力体制と風土づくり」

校長は、すべての教職員が協力しながら自らの教育実践を省察し、職能成長を続けることを支援するための体制づくりと風土醸成を行う。

①教職員の職能成長が改善につながることの自覚　②各教職員の理解と支援　③共有ビジョン実現のための教職員のリード　④相互交流と省察を促す教職員集団の形成　⑤教職員間の風土醸成

基準４「諸資源の効果的な活用」

校長は、効果的で安全な学習環境を確保するために、学校組織の特徴を踏まえた上で、学校内外の人的・物的・財政的・情報的な資源を効果的・効率的に活用し運用する。

①教育活動の質的向上を図るための実態把握　②学校の共有ビジョンの実現に必要な諸資源の把握とその調達　③ＰＤＣＡサイクルに基づく組織の諸活動のリード　④危機管理体制のための諸活動のリード

基準５「家庭・地域社会との協働・連携」

校長は、家庭や地域社会の様々な関係者が抱く多様な関心やニーズを理解し、それらに応えながら協働・連携することを推進する。

①家庭・地域社会との協働・連携の必要性の理解　②家庭・地域社会の環境の把握と理解

③学校に対する関心・期待の把握　④学校のビジョン・実態の発信と協働・連携意識の獲得

⑤多様な人々・機関との適切な関係づくり

基準6　「倫理規範とリーダーシップ」

校長は、学校の最高責任者として職業倫理の規範を示すとともに、教育の豊かな経験に裏付けられた高い見識をもってリーダーシップを発揮する。

①学校の最高責任者としての職業倫理　②説得力をもった明確な意思の伝達　③多様性の尊重

④自己省察と職能成長　⑤法令順守

基準7　「学校をとりまく社会的・文化的要因の理解」

校長は、学校教育と社会が相互に影響し合う存在であることを理解し、広い視野のもとで公教育および学校を取り巻く社会的・文化的要因を把握する。

①国内外の社会・経済・文化的動向を踏まえた学校教育の在り方　②憲法・教育基本法等に基づく学校教育の在り方　③地方自治体の社会・経済・政治・文化的状況の理解　④教育思想についての深い理解

以上を読み通してみると、校長の職務、責任、能力は多岐にわたり重いものがあることをあらためて実感する。我が国の教育、地域の教育、未来を拓く子どもたちの教育を担う学校を目指す方向にリードすることが校長に課せられ、期待されていることが理解できよう。「校長がかわれば学校がかわる」とよく言われるが、校長を取り換えると言うことではなく、校長が「変わる」ということである。校長が自らの職務、責任を自覚し、我が国の未来づくりを先端でリードする能力を身に付け育みながら、学校づくりを、学校改革を推進することが期待されているものと受け止めたい。我が国の教育を先端で創っていくのは校長であることを強調したい。

2　教育目標の実現・教育課題の解決

校長の役割は簡潔に言えば教育目標を実現することと、実現過程で生起する教育課題や今後の教育を目指す上で生じる新たな教育課題を学校において解決することにある。

(1)　教育目標の実現

教育の目的、目標は教育基本法に示され、義務教育の目標は学校教育法に示されている。また、学校教育法には小学校、中学校の目的及びそれぞれの教育の目標が規定されている。これを受けて学習指導要領に学校で指導する各教科等の目標が示されている。また、各地方自治体等の教育委員会はその地区の教育目標を定め、各学校は学校の教育目標の設定の際にそれを斟酌している。

教育基本法は第一条に教育の目的、第二条に教育の目標を規定している。

（教育の目的）

教育は、人格の完成を目指し、平和で民主的な国家及び社会の形成者として必要な資質を備えた心身ともに健康な国民の育成を期して行わなければならない。

（教育の目標）

教育は、その目的を実現するため、学問の自由を尊重しつつ、次に掲げる目標を達成するよう行われるものとする。

一　幅広い知識と教養を身に付け、真理を求める態度を養い、豊かな情操と道徳心を培うとともに、健やかな身体を養うこと。

二　個人の価値を尊重して、その能力を伸ばし、創造性を培い、自主及び自律の精神を養うとともに、職業及び生活との関連を重視し、勤労を重んずる態度を養うこと。

三　正義と責任、男女の平等、自他の敬愛と協力を重んずるとともに、公共の精神に基づき、主体的に社会の形成に参画し、その発展に寄与する態度を養うこと。

四　生命を尊び、自然を大切にし、環境の保全に寄与する態度を養うこと。

五　伝統と文化を尊重し、それらをはぐくんできた我が国と郷土を愛するとともに、他国を尊重し、国際社会の平和と発展に寄与する態度を養うこと。

学校教育法は第二十一条に義務教育の目標を規定している。

〔義務教育の目標〕

一　学校内外における社会的活動を促進し、自主、自律及び協同の精神、規範意識、公正な判断力並びに公共の精神に基づき主体的に社会の形成に参画し、その発展に寄与する態度を養うこと。

二　学校内外における自然体験活動を促進し、生命及び自然を尊重する精神並びに環境の保全に寄与する態度を養うこと。

三　我が国と郷土の現状と歴史について、正しい理解に導き、伝統と文化を尊重し、それらをはぐくんできた我が国と郷土を愛する態度を養うとともに、進んで外国の文化の理解を通じて、他国を尊重し、国際社会の平和と発展に寄与する態度を養うこと。

四　家族と家庭の役割、生活に必要な衣、食、住、情報、産業その他の事項について基礎的な理解と技能を養うこと。

五　読書に親しませ、生活に必要な国語を正しく理解し、使用する基礎的な能力を養うこと。

六　生活に必要な数量的な関係を正しく理解し、処理する基礎的な能力を養うこと。

七　生活にかかわる自然現象について、観察及び実験を通じて、科学的に理解し、処理する基礎的な能力を養うこと。
八　健康、安全で幸福な生活のために必要な習慣を養うとともに、運動を通じて体力を養い、心身の調和的発達を図ること。
九　生活を明るく豊かにする音楽、美術、文芸その他の芸術について基礎的な理解と技能を養うこと。
十　職業についての基礎的な知識と技能、勤労を重んずる態度及び個性に応じて将来の進路を選択する能力を養うこと。

学校教育法は、第二十九条に小学校の目的、第三十条に小学校教育の目標を規定している。また、第四十五条に中学校の目的、第四十六条に中学校教育の目標を規定している。

〔小学校の目的〕
第二十九条　小学校は、心身の発達に応じて、義務教育として行われる普通教育のうち基礎的なものを施すことを目的とする。

〔小学校教育の目標〕
第三十条　小学校における教育は、前条に規定する目的を実現するために必要な程度において第二十一条各号に掲げる目標を達成するよう行われるものとする。

② 前項の場合においては、生涯にわたり学習する基盤が培われるよう、基礎的な知識及び技能を習得させるとともに、これらを活用して課題を解決するために必要な思考力、判断力、表現力その他の能力をはぐくみ、主体的に学習に取り組む態度を養うことに、特に意を用いなければならない。

〔中学校の目的〕

第四十五条　中学校は、小学校における教育の基礎の上に、心身の発達に応じて、義務教育として行われる普通教育を施すことを目的とする。

〔中学校教育の目標〕

第四十六条　中学校における教育は、前条に規定する目的を実現するため、第二十一条各号に掲げる目標を達成するよう行われるものとする。

この目的・目標を実現するために必要となる教育課程の基準を大綱的に定めたものが学習指導要領であり、小学校教育及び中学校教育の基本等や、各教科等の目標等を規定し、法的性格を有している。

各地方自治体の教育委員会は以上の法令を踏まえ、各地域の実態や課題を考慮し各々に学校教育の目標や方針、規則等を定めている。

各学校は、以上の法規に基づくとともに、教育委員会の教育目標や教育方針等を踏まえ、各学校の実態に応じて学校の教育目標を設定する。

校長は、以上を基本として踏まえ、学校の教育目標の設定、その実現に向けた教育課程の編成、教育実践をリードすることが重要な役割である。

（2）教育課題の解決

①国の教育課題

国は「教育振興基本計画」の五か年計画に基づき教育政策・施策を進めている。令和五年度から次の五か年計画が始まることになっている。国全体の教育課題は多種多彩であり、学校教育に直接・間接に関連するものとして以下の事項が上げられている。（「『第七四回全国連合小学校長会総会資料』令和四年五月文部科学省」より抽出した）

○「『令和の日本型学校教育』の構築を目指して」（令和三年一月二六日　中教審答申）について
○学習指導要領について
○小学校における少人数学級の計画的整備について
○小学校高学年の教科担任制の推進について
○GIGAスクール構想等について
○教育DX・教育データ利活用の推進（基盤的ツール（MEXCBT・EduSurvey）について
○学校における教育活動と著作権
○学校における働き方改革につ

いて
○令和四年公立小学校・中学校等教員勤務実態調査について
○生徒指導上の諸課題への対応について
○キャリア教育の充実について
○特別支援教育の充実について
○新型コロナウイルス感染症について
○学校保健の充実について
○学校給食・食育の推進について
○教科書の充実について
○教師の資質能力の向上等について
○公立学校教職員の人事行政について
○幼児教育と小学校教育の架け橋について
○生命（いのち）の安全教育について
○男女共同参画の推進について
○消費者教育の推進について
○ハンセン病に関する教育について
○外国人児童生徒に関する教育支援について
○学校安全の推進について
○学校における体育活動中の事故防止等について
○学校体育施設の有効活用に関する手引き等について
○全国学力・学習状況調査等について
○国際学力調査について
○全国体力・運動能力、運動習慣等調査について
○子ども読書活動の推進、学校図書館の整備充実について
○コミュニティ・スクールと地域学校協働活動の一体的推進について
○学校における社会教育士の活躍について
○第三期教育振興基本計画について
○就学援助制度について
○子どもの貧困対策の推進について
○学校施設における風水害対策の推進について
○避難所となる学校施設の防災機能について
○「常用漢字表の字体・字形に関する指針」について
○国立教育政策研究所の取組等について

まさに課題山積であり、国はこれらの実現・解決のための施策を講じ予算を立てて計画的に執行する。その内容・施策の多くは地方教育委員会を経て学校に下ろされてくる。現在、学校では「生きる力」の育成を目指し「社会に開かれた教育課程」を編成して、「主体的・対話的で深い学びの実現に向けた授業改善」、これと軌を一にする「個別最適な学びと協働的な学びの一体的な充実」に向けた取組、GIGAスクール構想の実現・ICT教育の充実、小学校の三十五人学級の推進、小学校高学年の教科担任制の実施、学校の働き方改革、新型コロナウイルス感染症対策、部活動の在り方の検討等々の取組に追われている状況にあるが、校長は前述の諸課題の存在及びこれらへの国の対策・対応、諸施策等を視野に入れ堅実に学校経営を進めることが必要である。学校は学習指導要領に基づく教育課程を編成し実施することが基本であり、さまざまな課題はこれをより円滑に展開するためのもの、すなわち子どものためのものであることを確認しておきたい。

②地方教育委員会の教育課題

各地方教育委員会においては、教育法規に基づき、国の文部科学行政の政策・施策を受け止めながら各地方自治体の教育行政における教育目標や基本方針を定めるとともに、教育ビジョンや教育施策大綱などを策定して教育の振興、充実に努めている。

例えば、東京都教育委員会では、「東京都教育ビジョン（第四次）（二〇一九～二三）」で目指す子どもの姿を「情報化や国際化など急速かつ激しく変化するこれからの社会を主体的・創造的に生き抜いていく子ども」としている。同ビジョンでは以下の十二の基本方針を示している。

①全ての児童・生徒に確かな学力を育む教育
②社会の持続的な発展を牽引する力を伸ばす教育
③グローバルに活躍する人材を育成する教育
④夢と志をもち、可能性に挑戦しようとする力を育む教育
⑤豊かな心を育て、生命や人権を尊重する態度を育む教育
⑥健やかな体を育て、健康で安全に生活する力を育む教育
⑦オリンピック・パラリンピックの精神を学び、育む教育
⑧生徒の多様なニーズと時代の要請に応える「都立高校改革」
⑨これからの教育を担う優れた教員の育成
⑩教員の負担を軽減し、教育の質を向上させる「働き方改革」
⑪質の高い教育を支える環境の整備
⑫家庭、地域・社会と学校とが連携・協働する教育活動

このような各都道府県の教育課題を斟酌し連携を図りながら、各市区町村は各々の教育課題

を踏まえ、教育目標、教育ビジョン、教育方針を打ち立て、施策等を講じて学校教育を推進する。校長は都道府県、区市町村の教育委員会が示す教育目標、教育ビジョン、教育方針、教育課題を真摯に受け止め、教育委員会と連携・協力して学校経営に当たることが責務である。

③学区の教育課題

赴任する学校の学区域にはそれぞれに地域性や地域の特色がある。地域にはそれぞれに自然環境の違い、人々の気風の違い、文化があり歴史があり、それを受け継いできた人々がいる。地域のよさとして受け継がれてきたものがあれば、地域の課題としてなんとか解決しようと四苦八苦しているところもある。赴任すれば校長は学校の代表であるが、地域の一員でもある。学校教育を通して地域の発展に貢献することが求められ期待される。これからの学校教育においてはチーム学校として、カリキュラム・マネジメントの一環として、地域と一体となり協働してよりよい学校づくり、ひいてはよりよい地域社会づくりを進めることが求められている。

校長は地域・学区域の教育課題について視野を広げ深く掘り下げて把握し、地域の人々とともによりよい学校づくり、地域社会づくりを学校教育の中でどのように進められるかを熟慮し、教職員をリードしともに取り組んでいくことが求められる。

3　今後に向けて期待されている役割をどう受け止めるか

これまでに見てきたように社会の激しい変化の中で教育も大きな変革の時、曲がり角に来ている。これを乗り越えていくために学校の自主性・自律性の発揮が求められている。しかし、一方で校長の権限は予算、人事の面で制限され限界がある。残るは教育課程の編成・実施である。次々と押し寄せてくる教育改革、新たに生じ更に積もる教育課題をどう受け止め、学校において子どもたちの教育を、本来の教育課程の編成・実施を通してどう進めるか。

最も基本にすることは「**子ども第一＝子どもにとって本当によいことをする**」ことである。子どもの幸せ、子どもが自らの未来を拓く力を付けることを第一にする。そのためにやることは、「**重点化と精選**」そして「**先後の決断**」である。あれもこれもの「八ヶ岳型」では何も成しえない。子どもたちに身に付かない。重点化し集中して取り組む「富士山型」にする。他のことは教育課程・指導計画に沿って粛々と進める。場合によっては精選化も必要である。ビルドは放っておいてもやってくる。したがって学校はスクラップ、スクラップすることである。「八ヶ岳型」から「富士山型」へ、校長の決断にかかっている。

「先後の決断」は、今、取り組むべき目標は何か、まず取り組むことは何かを決断すること。他は、二学期から、来年度からなどと後回しにし、何から取り組むか、取り組む順を決断する。

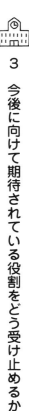

校長がリーダーシップを発揮しながら、教職員等の意見を十分に聴き、教職員等が意見交換し話し合い、「重点化と精選」、「先後の決断」を自分たちですることができるように支えることが望ましいが、最後の決断は校長の役割である。

第2章 校長に求められる能力

様々な役割や期待を背負い学校づくりを進める校長は長として大きな責任を負っている。校長はいわば最後の砦のようなもの。時に孤独感を味わうこともある。自分はうまくやっていけるのか。チームとしての学校づくりを進めるが頼れるものは自分の力。変革の時代の学校をリードする校長としてどんな物差しをもち、どんな力を付け、どのように高め、どう発揮すればよいか。

今、時代の先端に立って学校経営に邁進する校長に必要な能力について、以下の十の視点から考えてみよう。

1　時代の先端を見通す先見性
2　学校経営ビジョンの構築
3　リーダーシップの発揮
4　学校マネジメントの充実
5　人間関係及びコミュニケーションの深化
6　人材の育成
7　ＩＣＴ教育の推進
8　働き方改革の推進
9　危機管理のマネジメント
10　研修と自己更新、健康の保持・増進

1　時代の先端を見通す先見性

かつての変化の少ない時代であれば、校長は校長室にでんと座り、大学で身に着けた力・教員時代に育んだ力を発揮することで校長が勤まっていた。しかし、変化の激しい時代では変化に応じて新たな能力を身に付けなくてはならない。さらに、それだけではついていくだけになる。変化の先を見通し必要と考える力を身に付け先端に立って学校づくりをリードする校長でありたい。

昭和、平成、令和と時代が変遷する中、社会、世界の姿はすごいスピードで激しく変化している。社会の変化とはどのようなものなのか。かつて生産する物の変化から「重厚長大から軽薄短小へ」と変化を象徴していた。また、生産物の重さから「トン型→キロ型→グラム型→ゼロウエイト」ともいわれていた。ゼロウエイトは情報のことで情報化を表す。改めて物すごい変化でありスピードである。現在も進化中で、よく目にするいくつかのキーワードから捉えることができる。

【Ｓｏｃｉｅｔｙ５・０（超スマート社会）】これまでの狩猟社会、農耕社会、工業社会、情報社会に継ぐ新たな社会。IoTで全ての人とモノがつながり、新たな価値が生まれる社会。イノベーションにより、様々なニーズに対応できる社会。ＡＩにより、必要な情報が必要な時に提供される社会。ロボットや自動走行などの技術で、人間の可能性が広がる社会。学校も当然ながらこのＳｏｃｉｅｔｙ５・０の社会の中に組み込まれていく。

【IoT（Internet of Things)】自動車、家電、工場の機械、センサーなど、あらゆるものをインターネットにつなぎ、遠隔操作や情報収集、情報交換、相互に制御する仕組み。

【ＡＩ（Artificial Intelligence)】人工知能、機械自らが学び人よりも高度な判断も可能。通常の知識・技能、多くの仕事はＡＩが行う時代になるが、今後も人間に必要なのは目的と創造性。

【第四次産業革命】第一次が蒸気機関、第二次が電気機関、第三次が製造業の自動化の産業革命を経て、インターネットを通じてあらゆる機器が結びつく段階を第四次産業革命と位置付ける。主に製造業を中心に、IoTや人工知能を導入し、自律的・自動的・効率的に製造工程や品質の管理を進め、省エネルギー化などを行い、新たに産業の高度化を目指すもの。

【SDGs（Sustainable Development Goals：持続可能な開発目標）】 SDGsは、二〇一五年九月、国連で一九三か国の首脳の合意の下に採択された。国内外で拡大する貧困と格差、気候変動や生物多様性の喪失など、ここ数十年の間に人類に破局的状況をもたらしかねない慢性的危機に対して、二〇三〇年という年限を切り、一七のゴールと一六九のターゲット、二三二の指標を示して「持続可能な社会・経済・環境」に移行することによって「誰一人取り残すことなく」、これを克服することを目的としている。なお、「持続可能な開発」とは「将来世代のニーズを満たす能力を損なうことなく、現在のニーズを満たすような開発」と定義されている。

これらが示す状況は今も社会の中でどんどん進化し進展している。自分たちがその中にいることを実感しているものもある。一方でブラックボックスのように全く見えない、実感できないものもある。学校の中ではコンピュータが入り、ＩＣＴ機器が導入されているが、教育指導の基本の姿は今のところ大きく変わってはいない。これまでの歴史でもそうだったが、ある意味で社会の中で一番遅れている業界である。それでも学校は今、ＧＩＧＡスクール構想によりＩＣＴ（Information and Communication Technology）の活用が推進され、教員のＩＣＴ能力の向上、ＩＣＴ

環境の整備が進んでいる。子どもたちは一人一台の端末をもち各教科等の学習で活用している。二〇二一年九月に発足した政府の「デジタル庁」は「教育データの利活用ロードマップ」を二〇二二年一月に公表した。これによればＧＩＧＡスクール構想は初期の段階で、今後の教育ＤＸ（デジタルトランスフォーメーション）の目指す先が示されている。学校は大きく変わっていくことが想像される。

感染症の拡大が学校に大きな変化をもたらした。新型コロナウイルス感染症のパンデミックであり、この時点ですでに第八波が予測されており、収束への願いもむなしくウイルスの変化に伴って感染拡大が繰り返され、学校・教師は対策・対応に追われ続けている。学校にもオンラインによる授業等が導入され、学校・教師のＩＣＴ活用の能力向上と環境づくりが急がれている。

自然の猛威は大きな災害をもたらしている。地震、津波、大雨、暴風雨、火山噴火等々により災害は「忘れたころ」ではなく「忘れる前」に次々とやってきて被害をもたらしている。防災の意識や備えを確立する教育や危機管理が重要になっている。

世界的に問題視されている我が国の働きすぎの解消に向けた働き方改革は、学校・教師にも向けられている。これもＩＣＴを活用した学校の働き方改革が進められている。かつてのような夜遅くまで研究・研修に取り組んだり教材研究をしていたりなど、いわゆる「提灯学校」はなくなるだろうが、改革の趣旨をしっかりと受けて実現させていくことが求められている。

ロシアのウクライナ侵略をはじめとして、世界各地で戦争や紛争が止むことがない。それが我が国民の政治経済、国民の生活に多様な影響を与え、よそ事ではなくなっている。

こうした社会の変化や様々な課題を背景として踏まえ、教育に生じている様々な課題に対応すべく、令和三（二〇二一）年一月、中央教育審議会が「『令和の日本型学校教育』の構築を目指して〜全ての子どもの可能性を引き出す、個別最適な学びと、協働的な学びの実現〜」を答申した。本答申は平成二八（二〇一六）年十二月の答申を受けて改訂された学習指導要領に基づく教育を、時代の変化やコロナ禍等に対応し強化したものとされている。

これまでの日本型学校教育は、①学習機会と学力の保障、②社会の形成者としての全人的な発達・成長の保障、③安全・安心な居場所としての身体的精神的な健康の保障を果たしてきたと評価している。「令和の日本型学校教育」はこれを継承し、社会構造の変化や感染症・災害等も乗り越えて発展し、「全ての子どもたちの可能性を引き出す、個別最適な学びと、協働的な学びの実現」を目指している。その上で今後の改革の方向性として以下の六点を示している。

① 学校教育の質と多様性、包摂性を高め、教育の機会均等を実現する。
② 連携・分担による学校マネジメントを実現する。
③ これまでの実践とＩＣＴとの最適な組合せを実現する。

④　履修主義・修得主義等を適切に組み合わせる。
⑤　感染症や災害の発生等を乗り越えて学びを保障する。
⑥　社会構造の変化の中で、持続的で魅力ある学校教育を実現する。

今後、全ての学校が学習指導要領の趣旨の実現に向けた取組みを進める前提としてこの六点を踏まえておくことが必要である。その上で「全ての子どもたちの可能性を引き出す個別最適な学びと協働的な学びの実現」を視点にし教育の質を高め充実させていくことが学校の使命である。

さらに、令和四年六月に国会で「こども基本法」及び「こども家庭庁設置法」が成立した。「こども家庭庁」は首相直轄で内閣府の外局に位置付けられる。専任の大臣を置き子どもに関する事項について各省庁に対する勧告権をもつ。子どもや子育て当事者の視点に立った政策立案、全ての子どもの健やかな成長や誰一人取り残さない支援などを理念とする。成育部門、支援部門、企画立案・総合調整部門の三部門で構成の予定。いじめや貧困、児童虐待など学校教育との関わりも強い。関係部署と教育委員会・学校とがどのように協力していけばよいか今後の課題である。「こども基本法」は子どもの権利を国内法として位置付け、子どもを個々人として尊重し意見表明権など様々な権利を保障している。今後、国、地方自治体の政策立案、学校内における校則などに関して子どもの意見表明権や参画の一層の進展が予想される。学校・教師はこれをどう受け止めればよいか、教育基本法との関連をどう考えればよいかなどの課題も指摘されている。

以上は社会、時代の先端で何が起こり展開し進化しているかを見通す視点の一端であり、これらを校長として多角的・多面的、そして総合的に見つめ、見通し、見極め、教育はどのように関わるのか、影響を受けるのか、どう対処していけばよいかなどを判断することが必要であり、その力が求められる。以下はそのための取組方の一例である。

①視野を広げて自分なりの視点を定め、変化の動き・状況の観察や情報収集の方法をもつ。簡便で確かな方法は読書と新聞購読であろう。新聞は視野を広げてくれる。読書は深めたいテーマの図書を選択でき、繰り返し読むことでじっくりと考え、自分の考えを固めることができる。

②社会の変化について視点をもち継続的に観察したり情報収集したりして変化の事象を把握する。

③把握した事象を基に課題を析出し、これに対する自分の考えを明らかにし、自らの見識を高めていくようにする。

受け身ではなく**学校改革の主体者**になって取り組んでいく校長でありたい。

2　学校経営ビジョンの構築

学校経営ビジョンは、校長の学校づくりの目標像や展望を公に示すものであり、未来を拓く子どものために学校をどのような学びの場にしていくかを表現し提示するものである。そこには校長の夢やロマンも包含されている。こうしたビジョンは、校長の識見、専門性、リーダー性、人間性、教養等を総合し統一して創出し構築するものであろう。その表現は、「夢を育み　子どもが主役の楽しい学校」など、わかりやすく簡潔に示すことで共通理解が図られ効果的である。

経済界のある調査では、トップのビジョンをすべて理解している社員は三〇％程度、三〇％はほとんど知らなかったという。校長のビジョンがどんなに立派なものであっても、教員や家庭・地域に浸透していなければ、絵にかいた餅と同じ。また、説明に要する時間は三分。長くなれば聞いたことは忘れる。要を得て簡潔な説明が心に残り、不明なところは聞きたくなるということだろう。

以下は学校経営ビジョンの構想から構築のプロセス及びポイントの例である。

①**自らの教育信条等を確認する**…どんな子どもをどのように育てるか。校長になるまでの教育者としての経験から磨き育んできた自己の教育哲学、教育思想、教育方針等を発揮する。

〈例〉「敬天愛人」「教育は人なり」「教育は実践にあり」「子ども第一・全ては子どものために」

②**教育の未来を見通す**…教育は子どもの未来づくりと言われる。子どもたちが成人する頃の社会・世界の未来はどのようなものになるのか、様々に予想されている情報を基に、自分なりに子ども

の未来を見通してみる。なお、二〇一七（平成二九）年改訂の学習指導要領は二〇三〇（令和十二）年のSociety5・0、AIの時代、第四次産業革命などの中での「生きる力」の育成を目途にしている。

③子ども・学校等の実態を以下の視点・観点から把握する

- 教育課程実施上の実態…学力向上、授業力向上、新教育課程の完全実施、時数確保、カリキュラム・マネジメント、主体的・対話的で深い学びの実現、ICT活用　等々。
- 生徒指導の実態…安全、挨拶、集まり、後始末等々の基本的な生活習慣、子どもたちの生徒指導上の課題、いじめ、不登校、校内暴力、虐待、貧困家庭　等々。
- 教職員の実態…教職員一人ひとりの授業力、学級経営能力、教科等経営能力、校務遂行能力、組織の中での有能性、人間関係、研修意欲、人間性等々、職務遂行能力の低い教員、意欲の乏しい教員、課題を抱えている教員の存在など。
- 学校運営上の実態…教育課程の実施を支える学校運営の円滑な実施、運営の停滞、全体のまとまりの欠如、風通しの悪さ、やりがい感の喪失、多忙感や虚しさ感、等々の把握。
- 家庭・地域等の実態…家庭・地域の人々が学校の教育活動や学校運営に協力的か否か、その背景にどのような要因があるのか等。
- 危機管理の実態…保護者のクレーム対応、事件・事故対応、健康・安全を脅かす事案などへの対応に見られる個々の教職員、組織としての対応や取り組み方の実態。

④学校経営の目標を設定する

以上の子ども、教職員、保護者・家庭、地域・地域の人々、学校の施設・設備の環境等々の学校の実態、すなわちそれらの持っているよさや特色、強み、抱えている課題、子どもや教職員等々の学校に対する願いや思い、学校の歴史や伝統などなどを把握したうえで、どのような教育をどのように進めるべきかを構想し、学校像・子ども像を簡潔でわかりやすく表現する。

〈例〉「夢を育む子どもが主役の楽しい学校」、「誇りと自信をもち社会の創り手となる子どもが育つ学校」、「誰一人取り残さない学校」、「子どもがつくり手となる学校」

⑤学校経営方針を明確かつ簡潔に示す

目標像を明確にしたら、それを実現するための方針をわかりやすく簡潔に示すように工夫する。

以下はそのポイントである。

○学校経営の重点を置く事項について一行程度の簡潔文・語で示す→すぐに言えるか。

- 「わかる・できる・つかう・つくる教育課程」（教育課程の全体構想：習得・活用・探究）
- 「聞いて・助けて・任せて・見守る学習支援」（教え中心から子どもの主体的な学びへの転換）
- 「あんぜん・あいさつ・あつまり・あとしまつの生徒指導」（基本的生活習慣の確立を重視）
- 「一人を皆で・優しく・仲良く・温かくの学級・学年経営」（協働的な学級・学年経営）

○取組の先後の決断をし、何から取り組むか、重点を何にするかを以下の点を踏まえて示す。あれもこれもと欲張った「八ヶ岳型」の方針ではなく「富士山型」の重点をいくつかに絞って示す。
・全教職員がいくつ言えるか。（最重点の三つぐらいは言えるか）
【事例】（41ページ）…全体像であり、方針の「4、5、6」を重点とする
○中長期（二～五年）ビジョン及びそれに向けた短期的（一年、学期、月）ビジョンを提示する。
これにより共通理解と見通しのある取組が可能となる。
・二～五年程度の年次計画→本年の計画→学期の計画→月の計画→工程表へ等と具体化する。
【事例】学期の計画・月の計画…（196ページ　巻末に掲載）
○提示したビジョン構築に参画することを依頼し、ビジョンについての意見や要望等を聴取し、必要に応じて意見交換して、ビジョンの精査を図り構築する。
○ビジョンを浸透させるためには、年度初めの一回の表明だけでなく、折々に必要な部分を説明し共通理解と共有を図るようにする。
○学校の教育活動、学校運営の成果や課題を判断する物差しとして常時活用する。ビジョンを理解し教育活動、学校運営において意識し実現に向けて教育活動、校務運営が充実しているかについて確認し合う。

○○小学校学校経営の目標と方針

Ⅰ　学校経営の目標

１　心ゆたかな子ども、考え実行する子ども、健康な子ども、を育成する。
重点目標を「考え実行する子ども」とし、学習指導を重点にして、「わかる・できる・つかう・つくる」を目標にし、「聞いて・助けて・任せて・見守る」を主体的な学び実現の指導の指針とする。

２「子どもの夢をはぐくみ、子どもが主役の楽しい学校」を創る。

３　保護者、地域の人々、区民に信頼される学校を創る。

Ⅱ　本年度の学校経営の方針（４、５、６を重点とする）

１　教育目標の具現と目指す学校づくりのため、教育課程の編成・実施の視点を「意図的・計画的・組織的・継続的・発展的・徹底的」として創意工夫します。

２　○○小学校でよかったなということを実感できる、「所属感・存在感・一体感・充実感」のある学校・学年・学級経営を推進します。

３　はぐくみ合う子どもの姿を「よさを発揮し認め合う・よさを学び合う・よさを高め合う」など、学期・月ごとの指標で示し、具現するための経営・運営の指針を定めて、全校で共通理解し一致協力して教育・指導に当たります。

４　学習指導の目標・指針･･･すべての学習にわたって「わかる・できる・つかう・つくる」を学習指導の目標とし、「聞いて・助けて・任せて・見守る」を主体的な学び実現の指針として学習指導を創意工夫します。

５　生活指導の目標・指針･･･子どもが主体的に安全で心地よい生活づくりができるよう、生活指導の目標を「ひとりをみんなで、やさしく・なかよく・あたたかく」として一人ひとりの自己実現を支援し、「あんぜん・あいさつ・あつまり・あとしまつ」を指導の指針として基本的な生活習慣の確立を進めます。

６　子どもを主役とする指導の指針･･･特別活動を重視し、実行委員会方式など自発的、自治的な活動が展開されるよう段階的な指導を工夫し誰もが主役となれるようにします。

７　予防的・開発的な教育相談体制を充実させ、日常的なコミュニケーションを大切にし、子どもや保護者、教師の一人ひとりの自己実現を積極的に支援します。

８　開かれた学校運営を工夫し、組織のスリム化、会議の削減や効率化を図り、子どもの教育・指導に重点をおいた教育活動を進めます。

９　校長室、職員室、保健室、事務室、主事室、給食室などの互いの職務を理解し、チーム学校として連携・協力に努めて教育効果が高まるようにします。

10　開放型教室・共同スペース・多目的教室などの新校舎の特質、環境や福祉に配慮した施設・設備などの特性を活かした教育活動を創意工夫し教育効果を高めていきます。

11　学校予算の効果的な編成を行い、円滑かつ適正な執行に努めます。

12　開かれた学校をめざし、保護者・地域の人々とのコミュニケーションに努力し、パートナーとしての絆を深めチーム学校として連携・協力を進めます。

13　○○小学校の教育力の向上をめざし、校内研究・研修計画に基づき教師としての資質・能力、人間性の向上を図り、保護者の期待と信頼に応えます。

14　個々の教職員の研究・研修を大切にし、教職員としての自己実現が図れるようにするとともに、健康管理に十分に配慮します。

以上、ビジョンは示して終わりではなく、ビジョンの構築↓説明↓意見聴取↓理解・共有と協力、実践↓振り返りのらせん型サイクルを確実に行うことで実現していくものであり、ビジョン構築力を高めていくことができる。

3 リーダーシップの発揮

リーダーシップは組織において目標達成に向けてリーダーが発揮すべき影響力であり、役割と遂行の指示・要望、督励等の統率力とともに、メンバーの理解と集団の心理的基盤の維持の機能が重視されている。

学校の経営ビジョン、目標や方針・計画を提示する段階はその実現全体の五％。残りの九五％は実施・実行であり、その実現に向けて組織を指導・支援し、統率していくのが校長である。五％の段階には夢やロマンがあるが、九五％には現実の厳しさがある。その遂行には多くの問題や障壁がある。これを解決し乗り越えビジョンを実現させていくのがリーダーシップの発揮である。

教育課程実施や学校運営推進のマネジメントにおいて、どう実施し推進すれば効果的か、諸要素や条件を踏まえ、やるべきことを判断し決断し、ときには英断して実行・実践をリードしていくことが求められる。「判断」は頭でクールに考え、物差しに則して決めていくこと、「決断」は

「よしっ」とこれまでの経験を信じて腹で決めること。優柔不断・独断・専断はリーダーとして避けたい。嫌われ憎まれる校長となること必定であり、引いては子どものためにならない。

リーダーシップ発揮の判断・決断の第一の物差しは、「**それが本当に子どものためになるか**」であり「子どものためになることをする」「子ども第一」で思考し判断していけば大きく間違えることと誤ることはないことを確信している。

学校組織のリーダーとして考えることは「改革」の意識をもつことである。今、学校は教育改革の真っただ中にいるということ。すなわち、これまでの教育を踏襲するのではなく、**根本的・抜本的に見直し、やり方を変え、子どものための変化を目指す**ことである。具体的には、最近の中央教育審議会答申等を読めば改革の視点や方向性が理解できよう。先端に立つ校長は、それらが本当に子どものためになるのかを常に考えながら実践に移していくことを大切にしたい。

改革を進めるためにはリーダーとしての校長は、**先を見通し、視野を広げ、足元で実践**する姿を示すことである。

○**先を見通す**…社会の変化、これからの学校、新学習指導要領、中央教育審議会答申等々

○**視野を広げる**…教育界だけでなく広く社会、世界を見渡し見回すこと。

○**足元で実践**…先の二つを踏まえ、教育課程の編成・実施↓評価・改善、カリキュラム・マネジメントの充実、主体的・対話的で深い学び＋個別最適な学びと協働的な学びの一体的な充実の実現

に向けた授業改善等に取り組む。また、学校運営では学校の教育計画を実現する運営、校務分掌の組織、役割分担の遂行、働き方改革の取組等々を着実に推進する。

リーダーとしての校長は学校経営者、学校管理者、教育者の三つの顔をもつ。これらは「経営者×管理者×教育者」の掛け算であり、どれが欠けてもゼロになることを心したい。

- **学校経営者**…未来志向＝ビジョン、進むべき方向、方針（戦略）、人材の育成等々
- **学校管理者**…現在思考＝執行管理、危機管理（教育課程、施設設備、服務、健康等々）
- **教育者**…過去に学び、未来を見通し、よりよく現在を生きる＝人間性、人格、情熱、哲学、コミュニケーション、人材の育成等々

学校の校長、校長先生としては「教育者」としての姿が第一であり基盤である。教育者としての姿の実現を支えるのが「経営者」「管理者」としての姿の発揮、力量発揮である。

4　学校マネジメントの充実

校長の学校マネジメントとは、学校経営の執行・推進を効果的に行い、学校経営ビジョンの実現を図ることであり、もって学校の教育目標を一人ひとりの子どもに実現させることである。学校経営ビジョンを示すだけで事がすべてうまくいくことなど、今日の学校ではあり得ない。それ

は初めの一歩であり、ビジョンを如何に実現するかが学校マネジメントにかかっている。その要素は「人（教師、子ども、保護者・地域住民等）」「教育課程」「教材・教具」「学校予算」「施設・設備」「情報」「限られた時間」などである。「人」を中心にこれらが絡み合って教育活動や学校運営が展開されており、全体を円滑かつ効果的に執行・運営し、管理をするのが学校マネジメントである。

学校マネジメントの方法として「ＰＤＣＡサイクル」が重視されている。学校ではこの手法を日常的に取り入れて短期、中期、長期それぞれに、日々・毎時の授業や教育課程・指導計画、学校運営の実施・評価・改善を行っており、これを形成的・総括的に行うのが学校評価である。これらを系統的、関連的、総合的、総括的に行うことが学校マネジメントをより充実したものにし、教育の質を高めることに寄与していくことが期待できる。

学校マネジメントを実践するのは教職員一人ひとりである。したがって日頃から教職員にマネジメントの意識を高め、実践できるように育てていくことも職務である。現在の教育課程では「カリキュラム・マネジメント」を重視しており、教職員も実践している。その考え方を学校運営にも生かして実践するようリードしていくとよいだろう。

校長は日々、足元の各教室の授業から全校の教育活動、校務分掌に基づく組織的な学校運営などを見つめ、見渡し、見通し、見極めてマネジメントすることが責務である。以下は、学校マネジメント力を高める視点と方策例である。

○学校の教育目標の設定…学校の教育目標の設定は教育活動、学校運営すべての原点・出発点、すなわち学校マネジメントの原点である。学校の教育目標の実現のためにすべてがある。したがって、目標設定は校長・教職員だけではなく、子ども、保護者、地域の人々なども参画して設定する。学校運営協議会等がその中心となろう。これが「社会に開かれた教育課程」の編成・実施の第一歩である。

○社会に開かれた教育課程の編成・実施…現在の各学校の教育課程は「社会に開かれた教育課程」を標榜している。その趣旨は次の通りである。（学習指導要領前文より）

「教育課程を通して、これからの時代に求められる教育を実現していくためには、よりよい学校教育を通してよりよい社会を創るという理念を学校と社会とが共有し、それぞれの学校において、必要な学習内容をどのように学び、どのような資質・能力を身に付けられるようにするのかを教育課程において明確にしながら、社会との連携及び協働によりその実現を図っていく」

校長の役割は、この「社会に開かれた教育課程」の趣旨が体現されるよう、教育課程の編成・実施の過程をカリキュラム・マネジメントを核にし、チーム学校としてマネジメントをリードすることである。

○**教科等横断的な教育課程の編成・実施**…今日の教育課程は、子どもたちが社会の未来の創り手となり社会の変化に対応する力を身に付けるために、現代的な諸課題について学ぶ。その内容は一教科に収まらずに各教科に位置付けられている。したがってその指導を効果的に行うためには、第一学年の「スタートカリキュラム」をはじめとして、各教科等を横断して教育課程を編成し、横断的・総合的に学習したり、関連的・発展的に学習したりすることが必要になっている。校長は学校の教育課程が教科等横断的な教育課程となるよう全教職員が協働して組織的に取り組むようにする責務がある。これもカリキュラム・マネジメントの一環である。

○**学校運営のマネジメント**…教育課程の効果的な実施を支えるのが学校運営であり、学校運営は教職員の役割分担を組織化して機能している。これが効果的に組織的に機能していくようにマネジメントすることが責務である。全体を見渡す主幹教諭の役割や校務分掌各組織の主任の職務遂行の状況、学校全体の教育活動、学校運営が円滑に執行・進行しているかを把握し、報連相に応じたり指導助言を行ったりして、さらに効果的な学校運営を目指すようにする。その際、教職員を労ったり、認め褒めたりして、職務への意欲、自信や誇りを養うことも大切にする。

○**学校評価の効果的な実施**…学校評価は内部評価、外部評価、第三者評価を関連させるとともに、学期ごとの形成的評価と年度末の総括的評価を関連、総合させて機能するように工夫して行われている。目指すところは学校教育目標が一人ひとりの子どもに実現することであり、そのための教育課程や学校運営のよさや課題を明らかにして、次年度にどうつなげるかを明らかにすることである。大事なことはＰＤＣＡがサイクルとなるようにマネジメントすることである。さもなければ、課題の指摘に終わり、次年度もまた同じ課題を繰り返すことになる。課題解決の策を講じ次年度の教育課程、学校運営計画に反映させ、新しい計画で次年度に臨むようにする。

○学校の創意工夫や努力と成果等の広報等…学校マネジメントにおいて重視したいのが、学校・教職員の教育活動における創意工夫や努力の姿、その過程や結果から生み出された子どもの成長の姿を広報し知らせることである。従来、謙遜し、当たり前として外に広報してこなかったが、保護者や地域の人々は、学校の中での教職員の子どもたちのための創意工夫や努力の様子を知らなかったり気付いていなかったりする。ＰＴＡ会長からもっと宣伝すべきだと言われたことがあった。時代が変わり、教育改革が進行する中、学校が変わろうとしており、その中で教職員が創意工夫し努力している姿を理解してもらい、さらには共に取り組むことで子どもたちにさらによい教育活動、よい環境づくりができることを発信し広報していくようにしたい。

5　人間関係及びコミュニケーションの深化

学校経営は校長一人で行うものではない。教職員、保護者、地域の人々、教育委員会をはじめ多くの関係機関の人々との協力や連携、協働があってできるものである。校長として赴任するときはこうした人々とはじめての出会いから始まる。こうした人々との人間関係を築き広げ、コミュニケーションを豊かなものにしていくことが円滑かつ効果的な学校経営を推進するために欠かせない要件である。こうした人々と人間関係を築きコミュニケーションを豊かなものにしていくために以下の点を大切にしたい。

○**教職員との関わり**…学校の経営者、管理者である校長は教育者であり、その点で教職員の先輩であり同僚でもある。子どもたちをどう育てるかについて教職員は専門家であり、そのための研究・研修に勤しむことを厭わない。校長はそうした教職員の姿を尊敬し大切にする。これを原点にして、日頃から笑顔を大切にし交流的会話を交わすようにして、教育活動、校務運営について考えや意見を遠慮なく言い合えるように自ら努めるようにする。さらに教職員のメンタルヘルスに日頃から配慮し、風通しの良い職場づくりに努める。これらは校長から、「隗より始めよ」のとおり意識して実践し自然に振る舞えるように努めたい。

○**保護者との関わり**…校長は学校の代表としてどんな学校づくりをするか学校経営の方針を話したり、行事の度に挨拶をしたりなど固い雰囲気で捉えられている。しかし、近くに来れば気さくで話しやすい先生だと感じてもらえるように努めたい。そのため保護者に気軽に声を掛け、何かあれば学校の誰でもいいから遠慮なく相談してほしいと頼んでおこう。学校公開の折に余裕教室等を活用して、お茶を飲みながら懇談する機会を設定することも工夫である。できれば子どもの様子やエピソード等の話を交流しよう。子どもは保護者と校長の鎹《かすがい》でもある。

○地域の人々との関わり…地域には学校の教育活動や運営に協力してくださる方々、町会、自治会、商店会等々の組織の人々、同窓会の人々や卒業生等々、多く存在する。これらの人々は歴代、学校の歴史とともに学校に関わり、学校を愛し大切に思っている。こうした人々との関わりを大切にし、交流を広げ深めるように努める。人々の学校への関心、学校への思いや願いを受け止めるとともに、学校経営方針や教職員の創意工夫や努力、それにより育っている子どもの姿を伝え、よりよい学校づくりに協働・協力する関係を築くように努める。

○児童生徒との関わり…学校には何百という子どもがいる。小規模校なら別だが、すべての子どもと人間関係を深めることは難しい。それは学級担任の仕事であろう。それでも子どもたちとの関わりを大切にし、校長を身近な存在に感じられるようにする努力は必要である。朝の登校後に各教室を「おはよう、今日も元気ですか」「今日のお楽しみは何ですか」等々、一声かけながら回る。授業観察で訪れた教室で、「いい考えだね、よく考えたね」、「わかりやすい発表だったね、工夫したね」などと評価を伝えてあげる。全校朝会では、今月の目標にクラスで協力して成果を出したことを褒める。校長先生は私たちを見てくれていると子どもたちが実感することであろう。

○教育委員会等役所関係の人々との関わり…教育委員会は学校の設置者であり、学校が目指す方向を示し、学校がその機能を十分に発揮できるように条件を整え、学校の教育活動を支援する存在である。その機能や支援は各部署の担当者が具体的に行う。したがってこれらの人々と顔見知りになって挨拶を交わすとともに、可能な限り情報交換や意見交換を日頃からやるようにしておくことが望ましい。いざ何かあった時に電話やメールでも顔が見えるということは大切なことである。役所までは遠いが億劫がらずに折々に顔を出すようにしよう。

○警察、消防署、保健所等々の関係機関の人々との関わり…普段、関係の少ない機関であることから、ついつながりが薄くなりがちであるが、いざという時に関わりが濃くなる。それだけに意識して普段の関わりをつなげるようにする。それを一番しやすいのが校長である。各部署には必ず学校の担当者がいる。その担当者と人間関係を築きつなげるよう努力をする。学校通信や保健だより、生徒指導だよりなど毎回届ける。許されれば子どもの作品なども展示や掲示してもらうなどできると関係を繋ぎ深めることになろう。

6　人材の育成

学校は子どもの教育の場であるがそれを担う教職員を育成する場でもある。教職員の育成すなわち後輩の育成は校長の重要な職務の一つである。その内容や結果は学校の教育の質の担保や向上に関わるものであり、子どもに直接的に影響を及ぼす。また、保護者や地域住民からの信頼の獲得にも大きく影響する。教職員にとっては、教職に勤める者としての自己実現をどう図るか、どのようなライフステージを創っていくかという重要な課題である。

人材の育成は、当然のことながら一人ひとりの教職員の思いや願い、個性や特性、力量等の実態などに応じて行うとともに、未来を拓く子どもの教育において教師に求められる資質・能力等を踏まえて、組織として意図的、計画的、継続的、発展的に育成していくことが必要である。

中央教育審議会答申「これからの学校教育を担う教員の資質能力の向上について」（平成二七年十二月二一日）では、これまで不易とされてきた「使命感や責任感、教育的愛情、教科や教職に関する専門的知識、実践的指導力、総合的人間力、コミュニケーション能力等」の資質能力に加え、これからの時代の教員に求められる資質能力として以下を示している。

○自律的に学ぶ姿勢を持ち、時代の変化や自らのキャリアステージに応じて求められる資質能力を生涯にわたって高めていくことのできる力
○情報を適切に収集し、選択し、活用する能力や知識を有機的に結びつけ構造化する力
○アクティブ・ラーニングの視点からの授業改善、道徳教育の充実、小学校における外国語教育の

早期化・教科化、ＩＣＴの活用、発達障害を含む特別な支援を必要とする児童生徒等への対応などの新たな課題に対応できる力量を高めること
○「チーム学校」の考えの下、多様な専門性を持つ人材と効果的に連携・分担し、組織的・協働的に諸課題の解決に取り組む力の醸成

二〇二一（令和三）年一月の中央教育審議会答申「『令和の日本型学校教育』の構築を目指して～全ての子どもたちの可能性を引き出す、個別最適な学びと、協働的な学びの実現」では「令和の日本型学校教育」において実現すべき理想的な教員の姿が以下のように示されている。

「技術の発達や新たなニーズなど学校教育を取り巻く環境の変化を前向きに受け止め、教職生涯を通じて探究心を持ちつつ自律的かつ継続的に新しい知識・技能を学び続け、子供一人一人の学びを最大限に引き出す教師としての役割を果たしている。その際、子供の主体的な学びを支援する伴走者としての能力も備えている」

さらに、二〇二二（令和四）年六月に文部科学省が「公立の小学校等の校長及び教員としての資質の向上に関する指標の策定に関する指針」（改正案）を示した。ここでは、「公立の小学校等の教員等としての資質の向上を図るに当たり踏まえるべき基本的な視点」として以下を示している。

（1）教員等一人一人の資質の向上に関する視点
①全ての教員等が備えるべき普遍的な資質
②勤務経験を通じた職能成長
（2）学校組織・教職員集団として発揮すべき組織力の視点
（3）社会や学校を取り巻く状況変化の視点

以上のように、社会の変化や時代の要請に応じて教職員の人材の育成は高度になり多彩な能力が求められている。これらは学校内・一校長だけではできない。今後の制度改革や国全体としての取組とともに教育委員会や大学等との連携を視野に入れることが必要である。その上で、足元の学校においてしっかりとした人材の育成計画を立てて育成していく力量が校長に求められる。

大量採用に伴う若手教員の育成、比較的年齢層の薄いミドルリーダーの養成、安定志向で向上意欲の乏しい教員の指導など、人材の育成が課題となっている。一方、育むべき教師の力量も前述のように教育の質の向上に伴いどんどんレベルが上がっている。世界に冠たる一斉授業で教えることのうまいティーチャーから、コーディネーター、ファシリテーター、コーチャー、カウンセラー、デベロッパー、デザイナー、マネージャーなどの役割・機能を果たすことが必要となっており、保護者の期待や要望も高まっている。

こうした状況を踏まえると、校長は学校において人材の育成の先端・先頭に立つことが求められよう。先端とは先を見通し今求められる資質・能力が何であるかを把握し、それを育成指導できること。先頭とは、自らがトップとなって組織的に人材の育成に当たることである。職場での研修（OJT）と外部での研修（Off-JT）の両面から、本人のキャリアプランとかねあわせて個々の教員の育成計画を作成し、見通しのある育成の充実が求められる。

以下に一例として人材の育成ポイントをあげてみた。

○人材育成の名言……簡潔明瞭で間違いのないポイントと言えよう。

- 「やってみせ　言って聞かせて　させて見せ　ほめてやらねば　人は動かじ」
　「話し合い　耳を傾け　承認し　任せてやらねば　人は育たず」
　「やっている　姿を感謝で　見守って　信頼せねば　人は実らず」（山本五十六）
- 「率先垂範」…校長が授業をやって見せ手本を示す。やらせる前にまず校長が動いて示す。
- 「師弟同行」…教材開発や教材研究を協働してやりながら手立てや方法を伝える。
- 「啐啄同機」…成長や伸びている様子を見逃さずに認め褒めて自信がもてるようにする。
- 「守破離」…基礎を身に付ける→自分なりに向上させる→自分の方法を確立する（守・破を忘れない）この過程を意識して自らの力量を高めるよう指導助言する。

●「与えて・させて・見回り・急がせる」から「聞いて・助けて・任せて・見守る」へ…教職員の主体的な学びを引き出し、成長を支える校長の指導助言の構え。一方的に指示や命令で教職員を動かすのではなく、個々のキャリアプラン、考え、思いを受け止めその実現を支援する。

○学校の教職員の人材ポートフォリオの作成と活用

●個々の教職員の資質・能力を十字チャートの四象限に位置付ける。

〈例〉〔職務遂行能力〕 高い↔低い

〔人間関係力〕 豊か↔薄い・問題あり

●ポートフォリオに基づき育成計画等の作成と意図的・計画的・組織的な推進。

●何ができて、何が足りないか。生かしたい・発揮させたい知識・技能等は何か。どの職でどのように育てるかを考え指導・助言する。

●力量があり自分でどんどん高めていける（二割）：概ね必要な力量を備えており職務に支障はない（六割）：職務遂行に支障が生じることがある（二割）（二：六：二の法則）。それぞれに応じて指導・助言する。

人材ポートフォリオ

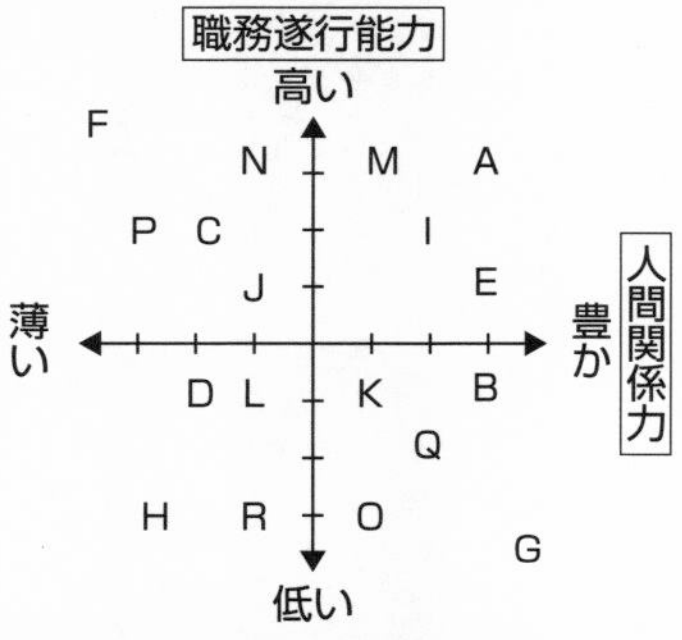

・（十人十色）＋（一人十色）…個々の中にもいろいろな面がある＝決めつけない。
○個々のキャリアプランの尊重…五年・十年先を見通して一緒に考えアドバイスする。

7　ICT教育の推進

社会における情報化の急激な進展に伴い教育の情報化が進められてきた。急激に変化し将来の予測が難しい社会においては、情報や情報技術を受け身で考えるのではなく、主体的に選択し活用していく力が必要になっている。生活の中でICT（Information and Communication Technology：情報通信技術）を日常的に活用することが当たり前の社会で生きていくために必要な資質・能力を育むためには、学校の生活や学習においても日常的にICTを活用できる環境を整備し、活用していくことが不可欠になっている。また、ICTは教師の働き方改革や特別な配慮が必要な児童生徒の状況に応じた支援の側面などにおいても欠かせないものとなっている。

このようにICT環境が教育現場に不可欠であることを強く認識し、その整備を推進するとともに、学校における情報化の推進、情報教育の充実を実現する能力を高めなくてはならない。

国際的な調査では、我が国の学校におけるICTの利活用は子どもも教員も最下位レベルという結果が報告された。学習のためにICTを活用するという認識が低いことと、学校ICT環境は自治体間格差も生じていることも問題となった。文部科学省はこうした状況を踏まえ二〇一九（令和元）年にGIGAスクール構想（GIGA：Global and Innovation Gateway for All）を立ち上げ推進している。今般の新型コロナウイルス感染症拡大により前倒しして推進され二〇二三年に本格実施となっている。GIGAスクール構想は、「児童生徒一人一台端末と高速大容量の通信ネットワークを一体的に整備し、多様な子供たちを誰一人取り残すことなく公正に最適化された創造性を育む教育を全国の学校現場で継続的に実現させる」ことを目的としている。令和の時代のスタンダードとしての学校ICT環境を実現し、全ての子どもたちの可能性を引き出す個別最適な学びと協働的な学びの一体的な指導の充実を図り、もって「主体的・対話的で深い学び」を実現することで一人ひとりの子どもの資質・能力を確かに育むことを目指している。二〇二一年九月に発足した政府の「デジタル庁」は「教育データの利活用ロードマップ」を二〇二二年一月に公表した。これによればGIGAスクール構想は初期の段階で、今後の教育DX（デジタルトランスフォーメーション）の目指す先が示されている。学校は大きく変わっていくことが想像される。

校長はこうした時代・社会認識を深めICT教育について自ら学び、自らの力量を高め、教職員と協働して推進能力を高めることが求められている。以下はICT教育の推進能力向上のために取り組むべきポイントである。

○中央教育審議会答申におけるＩＣＴ活用のねらい及び方向性の理解
○学習指導要領におけるＩＣＴ活用等に関する趣旨・規定の理解
○情報活用能力育成のための校内の環境整備
○情報活用能力育成のための学習活動の充実…主体的・対話的で深い学びの実現、個別最適な学びと協働的な学びの一体的な充実の実現の在り方
○個に応じた指導の充実…指導の個別化、学習の個性化の趣旨を体現する指導の充実
○情報モラルに関する指導の充実…学習指導要領の各教科等の関連する内容のカリキュラム・マネジメントによる計画的・組織的な指導の積み上げ

これらの内容については、いずれも関係する資料や手引きが文部科学省より出されている。それらを参考にして、早急にＩＣＴ環境を整え、教職員のＩＣＴ指導力を高め、子どもたちのＩＣＴ活用能力を高めていくようにリードする。ＩＣＴ教育は校長も教職員も一斉スタートの横並びの感がある。それだけに校長は自らも学ぶとともに、教職員と協働して取組をリードすることを大切にしたい。

8 働き方改革の推進

学校における働き方改革の目的は以下のように示されている。（中央教育審議会答申「新しい時代の教育に向けた持続可能な学校指導・運営体制の構築のための学校における働き方改革に関する総合的な方策について」（平成三一年一月二五日）第一章）

○学校における働き方改革の目的は、教師のこれまでの働き方を見直し、教師が我が国の学校教育の蓄積と向かい合って自らの授業を磨くとともに日々の生活の質や教職人生を豊かにすることで、自らの人間性や創造性を高め、子供たちに対して効果的な教育活動を行うことができるようになること

改革が求められた背景には、学校という職場が、近年、教員の精神疾患、病気休職、過労死等、過酷な労働実態が明らかになり、ブラックな職場とさえ言われるようになっていたことが挙げられる。また、教員を希望する者が減少していることにも影響していると受け止められている。教員、学校がこのような状況では、激しく変化する社会や時代の要請に応じる、「生きる力」を育み未来の社会や自分を豊かに創造する子どもたちを育成する教育を推進することは期待できない。社会の働き方改革の動きにも呼応して、学校の働き方改革が進められることになった。本答申はこ

れに応え、学校の働き方改革の方向性や方策を示したものである。文部科学省は答申を踏まえて令和元年十二月に「公立の義務教育諸学校等の教育職員の給与等に関する特別措置法」（給特法）の改正を行った。校長はこうした背景や改革の趣旨を踏まえ自校の働き方改革の推進に努めることが責務である。そのために必要な資質・能力としては以下の点が求められよう。

○働き方改革が進められている社会の背景や学校の働き方改革の目的や方向性、具体的な取り組み方の理解…中央教育審議会答申、改正された「公立の義務教育諸学校等の教育職員の給与等に関する特別措置法」（給特法）、勤務時間の上限に関する「指針」、長期休業期間における集中した休日確保のための一年単位の変形労働制について。

○変形労働制に関して校長が求められているすべての措置を講じること。

- 部活動、研修その他の長期休業期間における業務量の縮減を図る。
- 超勤四項目の臨時又は緊急のやむを得ない業務を除き、職員会議、研修等の業務については、通常の正規の勤務時間内において行う。
- 全ての教育職員に画一的に適用するのではなく、育児や介護を行う者等については配慮する。

変形労働制は、学期中の長時間勤務を常態化させるとの懸念も出されている。前述三点とともに学期中の業務の精選、効率化、他の職や外部の組織に任せる等を工夫し、子どもの教育にゆとりをもってじっくり取り組める学校づくりを教職員、家庭、地域とともに進めること。
○教職員一人ひとりの職務や勤務時間に対する考え、思いや願い、家庭環境等々の理解に努めるとともに、職場や同僚への思いや願いをくみ取り、充実した仕事ができ、働きやすいやりがいのある職場環境の整備に教職員と一体になって努める。

働き方改革は校長自身の問題でもある。改革の意義を深く認識し、先頭に立ち教職員と協働して働きやすい働きがいのある職場づくりを進めることが学校経営ビジョン実現の基盤となろう。

9　危機管理のマネジメント

学校は質の高い教育の実現やそれを支える学校運営の円滑な推進を目指して日々、創意工夫し努力して組織的に取り組んでいる。しかし、その過程では様々な課題・問題が発生する。教育課程の未実施や抜け・漏れ、学級崩壊・授業崩壊、熱中症や食中毒、いじめや不登校、生徒間や対教師暴力、教師の服務事故やメンタルヘルス不調、保護者からのクレーム等々、多種多彩な問題が危機として発生する。

校長は、これらを危機として未然に察知して回避したり、危機発生に迅速に対応したりして危機管理を的確・適切に行い、安全・安心な学校づくりを推進することがリーダーとしての責務である。そのためには、日ごろから安全教育が果たす役割を深く認識し、教育活動や学校運営が円滑かつ充実している姿をしっかりと意識して目に焼きつけておくことが必要である。これにより自らのアンテナが敏感になり、「あれっ」「おやっ」と気になる危機の兆候を見逃さなくなる。危機管理に最善に対応することは、状況を単に元に戻すことではない。教育の質や安全・安心の質をより高めることで再発を防ぐことにあり、校長の危機管理能力が問われるところである。そのための力量・取組として以下の事項が考えられる。

○危機管理の目的を明確にし、学校経営方針に位置付け教職員に示して共有する。
○学校の「危機管理マニュアル」を作成しこれを活用して研修や演習を定期的に実施する。
○安全教育で育成を目指す資質・能力を教育課程に位置付け全教育活動を通じて育成する。
○「防災を含む安全に関する教育（現代的な諸課題に関する教科等横断的な教育内容）」（「解説総則編」）を参考に各教科の安全に関わる内容を基に安全教育のカリキュラム・マネジメントを推進する。各教科等の相互の関連を図り系統的・体系的に指導する。
○感染症対策、熱中症対策、食中毒対策、大雨や台風対策、交通事故防止対策などを毎年見直すとともに予防策を家庭・地域と一体となって推進する。

○教職員のメンタルヘルスに関する研修を定期的に実施し、教職員の啓発を図る。
○教職員の服務事故等に関する研修を定期的に実施し、教職員の啓発を図る。

（注）危機管理のマネジメントについては第5章を参照

10　研修と自己更新、健康の保持・増進

社会の激しい変化やグローバル化、知識基盤社会に対応し、未来を拓く子どもを育てるためには、これらの意義や変化が求める新しい教育内容・方法を学び続けなくてはならない。校長はこれらの先端に存在する立場にあり、自らの能力、教養や感性を高めることが求められよう。

校長には三つの顔がある。学校経営者としての顔、学校管理職としての顔、そして教育者としての顔である。これら三つのすべてにわたって識見や力量等の職務能力を高め、それをあらゆる局面において的確・適切に発揮することができるリーダーでありたいものである。

自らの職能を高めるための方策・取組として以下の事項が考えられる。

○校長の職務を深く自覚し、求められている役割、資質・能力を理解し、その向上に努める。
○子ども、学校の未来を拓く学校経営者として、不易や基本を踏まえ、未来を見通し、目標とする

方向へ子ども、教職員、学校を導いていく学校経営ビジョンの構築とその実現のための諸能力を高め発揮する。

○子どもに今現在、充実した教育を提供する学校管理職として、教職員の力が一つになって発揮できるように教育課程・学校運営の執行管理と、危機管理を適切・的確にリードする。

○子どもたちがこの学校でよかった、学校が楽しい、勉強がよくわかるなどを実感できるような教育を提供できる教育者として、教育思想、教育哲学、教育内容・方法について常に研修し自己を高めていく。

○自己研修の場を広く社会に求め、教育に限らず広い視野に立った視点から自己を磨くようにする。

校長が子どもや保護者・教師を前にして最も必要なのは「笑顔」である。子どもの成長・発達を目にするときも、困難な状況にあるときも、常に笑顔を絶やさず笑顔で接するためには、心身の健康が基盤である。子どもはもちろん、教職員の安全・健康を守り管理するためには、自らの健康の保持・増進に努めることを忘れないようにしたい。加齢とともに体力は低下する。意識して自らの健康管理に取り組み、笑顔でリードする校長でありたい。自らの健康を保持・増進するための方策・取組として例えば以下の事項が考えられる。

○毎朝、出勤前に鏡で自分の笑顔を確認する。

○子ども、教職員、保護者等々、全ての人に笑顔で接するように努める。
○健康保持のためには「歩く」ことが一番。幸い学校の中を巡回観察していると階段の上り下りも多く結構な運動量になる。給食は栄養が考えられており塩気も少なく体にいい。
○たまには、教職員とスポーツ研修をして汗を流すのもいい。（最近は感染症対策でかなわなくなっているようだ。残念）
○当たり前のことだが、健康診断をきちんと受けて、何かあれば早めに対応して自らの健康保持に努めよう。

校長の笑顔と元気が学校経営を円滑に推進する源であり、自ら努力と工夫をして育むものである。その基盤の上に資質・能力、人間性等が育まれ、自己更新は生きる力であり喜びでもあろう。

第3章 学校を変えていく 毎月の学校経営

■校長の学校経営は一年の中でどのように展開していくのか。副校長・教頭で補佐する立場とは全く違う。構築した学校経営ビジョンを基にリーダーシップやマネジメント能力等の能力をどのように発揮していけばよいか。新任校長はその見通しが立たないのが現実であろう。
■どうなっていくのか、どうすればよいのかなど不安の中で学校経営を進めていかざるを得ない。

4月 ★四月　出会いと発信を大切にする学校経営…子どもと伝統を大事にして

四月一日、辞令を受けて配属された学校へ赴任する。こんな学校を創りたいという強い思いを抱いている。一方では、どんな学校、どんな子どもたちだろうか、教職員は協力してくれるか、保護者や地域の人々は歓迎してくれるか等々、期待と不安が混じって校門をくぐる。いよいよ校長となっての第一歩である。新任校長はこれまで副校長・教頭として学校経営に参画してきたが、これは補佐としての立場である。後ろには校長が存在した。自らが校長、最高責任者となると、校内で最後に頼る者は自分一人で、後ろには誰もいない。しっかりと心の準備、覚悟をしておこう。転任の校長は「初心忘るべからず」。自らの信条等を再確認し、これまでの豊富な経験を生かして、新しい学校、新たな子どもたちのためにより良い学校づくりを目指したい。

四月は出会いの月。子どもや教職員、保護者や地域の人々をはじめとする様々な人々や関係機関等との出会いがある。これらの人々等との多彩な出会いを大切にする出発となるように努めながら、自らの教育哲学や教育方針を折に触れて発信していくようにする。

①伝統を引き継ぎ、未来を拓き創る子どもを育てる学校との出会い

赴任する学校理解の第一歩は、校名、校章、校歌にある。これらには地域の人々や設置した教

育委員会等の思いや願いが込められている。校章はこれらを抽象化して示すシンボルである。折りに触れてその意味と誇りを子どもに意識させる。校歌は、校名・校章に込められた思いや願い、夢や希望を具体的に歌い上げるものである。これらの由来や背景、込められた意味や願いは引き継がれていくものであり引き継ぐ責任がある。この他に、学校沿革史等や前校長との引き継ぎから、学校が大切にしてきたものをしっかりと受け止め引き継ぐように努める。一方、今日の学校は新しい時代や社会を拓き創っていく子どもを育てる場である。二十年、三十年後に社会、世界で活躍する子どもを育てるのが学校の役割である。

②熱心に教育に打ち込む教職員との出会い

「校長が替われば学校が変わる」という期待は、校長が何でもかんでも自分の思いや考えで変えるということではない。まずは、その学校が大切にしてきた歴史や伝統、現在育んでいるよさを大切にし、更に発展させることを表明する。加えて社会や時代の変化に応じて改善・向上させたい課題等を解決・実現していくことも伝える。一方で、教職員一人ひとりが、そして学校が組織としてミッションやビジョンをどのように受け止めているかを把握するとともに、教員一人ひとりの力量、組織としての能力、その向上心や努力の状況を理解し把握するよう努める。

四月当初に、校長として学校経営ビジョン、経営の目標や方針を示し教職員に理解と協力を求める。これは簡潔に行うようにする。企業では三分という声もある。経営ビジョンや経営方針を簡潔明瞭に示す。「夢を育み、子どもが主役の楽しい学校」「わかる・できる・つかう・つくる学習指導」「安全・挨拶・集まり・後始末の生徒指導」などと視点を明確にして覚えやすいように示す。これらを実践するのは子どもの教育に打ち込む教職員であることを肝に銘じよう。

③学校が大好きな子どもとの出会い

子どもは子どもなりに自分たちの学校に誇りを持ち、自慢する気持ちを持っている。したがって、いきなりそれらを変えられたり否定されたりすると、反発を感じて素直には従わない。子どもたちがこの学校のどんなところが好きなのか、どんなところが自慢なのか、自分たちががんばっているところなどを子どもとの触れ合いの中からしっかり見取り、聞き取り、感じ取るようにする。そうしたことを大切にする校長が来たということを実感できるように、笑顔で触れ合うようにしたい。始業式、入学式での式辞や講話もこうしたことを大切にして内容を工夫し、校長自らもこの学校を大切にする思いを伝えるようにする。

④子どもを大事に育てる保護者との出会い

保護者との出会いで大切にすることは、話をよく聞いてくれる・相談にのってくれる・笑顔で対応してくれるなどを実感できるように努めること。次に、保護者に発信することは、学校名、校章、校歌に込められた保護者や地域の人々の思いや願いを受け止め応じること、一方で社会や時代の変化に応じ子どもの未来を拓く教育を進めること、そして、それらは保護者が求めるものと共通することが多いことを具体的に伝えるようにする。さらに、子どもにとって一番よいことを保護者と一緒に考え、子ども第一に教育を進めることを約束する。

⑤学校を大切にする地域の人々等との出会い

地域の人々や卒業生・同窓会等は地元の学校を大切にし、子どもたちを様々に見守ったり育んだりしている。また、地域の人々は学校を拠点として文化やスポーツなどの活動、健康維持の活動などを展開している。さらに、学校は地域の警察署や消防署、保健所、図書館や諸文化施設等との関係も深い。これらの人々は、今度はどんな校長が来たのかと興味・関心を持って待ち構えている。これらの人々との関わりを大切にし、共に子どもを育て地域を大切にする旨を明確に伝え仲間入りさせてもらうようお願いする。

⑥学校を見守る教育委員会との出会い

公立学校は設置者である教育委員会の出先機関・現場と言えるものであり、校長は教育委員会からいろいろな権限等を委任され責任者として管理したり執行したりする。したがって教育委員会との連携・協力は欠かせない。教育委員会とは必要に応じて関わることになるが、その組織や担当者などについて確認し、把握しておくことも必要である。また首長・教育委員会が掲げる教育目標や教育方針を踏まえて学校経営目標や経営方針を立てるようにする。いずれにしても学校と教育委員会は一体であることを認識しておく。

⑦新しい時代を拓く学校経営との出会い

自らの学校経営が船出する。その目指すところや方向性は確立しているだろうか。学校経営ビジョン、その実現の方策や計画・工程表はできているだろうか。本年のことだけではない。今日の教育改革の状況を踏まえた展望や計画を示すときである。現在、教育改革進行中であり、中央教育審議会が様々な改革を提言し、国はこれにそって施策を講じている。これらをしっかりと受け止め実現していくのは学校現場であるが、子どもにとってよりよいものとなるように実現させていくのは学校・教師である。これらをどのように実現していくかが校長のビジョン、マネジメントやリーダーシップの発揮に期待されている。新しい時代を拓く学校経営との出会いである。

5月 ★五月　ビジョン・方針阻害要因の発見…慣れる前に課題解決策を想定

新年度の学校経営がスタートして一か月が過ぎた。ゴールデンウイークを爽やかな気分で過ごせたか、憂鬱な連休だったか、いろいろであろう。どちらにしてもこの期間になすべきことをしっかりとやり、連休明けの再スタートをきり、笑顔で再開・再会したいものである。四月は前述したように、子ども等の様々な人々や関係機関等との出会いから、今後の学校経営に生かしたい「よさや強み」を見出したことであろう。次いで、五月は、自己の学校経営ビジョンや方針の実現を阻害すると思われる要因を見出すようにする。とかく問題や課題は目につくものであるが、日がたつに連れて慣れてしまう、忘れてしまう恐れがある。始めの一か月が重要である。思いつきではなく、ビジョン・方針を視点にしてきちんと整理しておこう。

①子どもに見えてきた課題は何か

学校経営ビジョンはすべて子どものため、子ども第一にして立てている。では、その子どもの健やかな成長を阻害しているものは何か、それを子どもの姿から探ってみよう。

心の面から、明るく元気でない子はいないか、のびのびとしているか、仲がよいか、きまりや約束を守れずルーズな生活になっていないか等を把握する。体の面から、朝会等で倒れる子はいないか、欠席の状況はどうか、給食の残滓が多くないか等々。学力の面では、基礎・基本の習得で遅れている子はいないか、活用する力はどうか、思考力・判断力・表現力の状況はどうか、探究する学びに没頭しているか、これまでの学力・学習状況調査の結果はどうなっているか、学習意欲が低くないか等々を把握する。さらに全体とともに、個々の子ども、特別な配慮を必要とする子ども、特に課題となっていたり、指導に困難を生じていたりする子どもはどの子かなどを把握し、学級担任や教育相談担当等の話を聴くなどして、それぞれの実態や状態を把握し、要因や背景を探って明らかにし整理しておく。

②教職員に表出している課題は何か

学校経営ビジョンを理解し、それに即して子どものための教育実践を進めるのは教職員である。したがって、教職員の教育指導、職務行動においてビジョンの実現を阻害する要因の把握が重要である。教職員でビジョンに関心を示さないのは誰か。職場の雰囲気をギスギスさせたり、勝手な行動をしたりする者はいないか。授業や学級経営の力量は安心できるものであるか。心の健康面で心配な状況の者はいないか。人間関係に課題はないか。等々の把握に努める。

五月に入ると自己申告に基づき面談や授業観察・職務行動観察を行う。一人ひとりの教職員を理解するのに絶好のチャンスである。ビジョンを視点にしながら、一人ひとりの思いや願い、考えや意見、悩みや困っていることなどを聴くことに努める。一方で、これまでの観察から気になることがあれば質問し話し合って、誤解が生じないよう配慮することも大切にする。

③保護者の課題は何か

子どもの学習や生活の背景には保護者が存在し、家庭生活での問題の状況を把握することは重要である。着任早々、ＰＴＡ・保護者会等の役員等との出会いや保護者会等により全体の雰囲気や協力の状況などは見えてこよう。これらが子どもの教育に資するものとなっているのか、はたまた阻害要因となるものがあるのか、活動状況や参加状況から見取るとともに、副校長・教頭や各主幹・主任、ＰＴＡや保護者の会等の担当教員などから情報を収集する。また、個々の保護者の中には、当人又は周囲との人間関係で学校との関係がうまくなかったりこじれていたりなどや、虐待の恐れや実態などもあり、これまでの経緯や対応の仕方なども含めてきちんと把握しておくようにする。その際、個人情報の扱いに十分に配慮する。

④地域の課題は何か

学校の教育指導に協力してくれる地域の人々は多数存在する。地域は教材の宝庫であり学びの場である。しかしながら、時にそれを阻害する要因が生じていることもある。学区内での町会同士のいがみ合い、スポーツ団体の過剰な競争意識、遊んでいる子どもへのいわれのない叱責や時には暴力を振るう人の存在、交通や犯罪に関する町全体の安全・安心の問題など。学校によっては、異常な注文や苦情提供者がいることもある。これらについては、生徒指導主任や地元警察の関係者などから、状況や実態を把握しておくようにする。地域によっては、様々な地域行事が諸団体により年間通じて隙間なく組まれ、校長の出席を求めることもある。これらへの対応も考えておかなくてはならない。

⑤関係機関等との課題は何か

これはひとことで言えば、連携協力体制ができており、日常的な関わりが円滑に進められているか、非常時に迅速に対応が取れるかなどを把握することである。相手も人であり、ともすると人が代わるとこれまでの関係が崩れたり連携に齟齬が生じたりする。校長自らが阻害要因とならないよう十分に配慮して関係機関・者と関わるようにする。

⑥課題メモの作成・解決案の提示

以上の各視点から阻害要因を発見したら、それについてどのように今後取り組むか、改善するかを早急に整理してメモに表すようにする。例として「課題メモ」の作成を勧めたい。

まず、阻害要因における課題を具体的かつ簡潔に表現する。いくつ出てくるだろうか。四月には四十や五十は出てくるかも知れない。これまでにメモしたことも含めて全部書き出す。次にこれにいつ対応するかを仕分ける。「すぐ対応する」「半年以内に対応する」「本年度内に対応する」「次年度に対応する」等、ビジョンをもとに対応の先後の決断をする。課題メモには、課題とともに具体的に取り組むことも案としてメモしておく。例えば、四月の全校朝会が時間内にいつも終わらず、授業時間にくいこむことを課題に思ったら

6年生4人の児童が壇上で今週の行事、今週の学び、今週の生活などを順に話す。年間を通して、6年生全員が壇上に上がった。

課題メモ　**全校朝会のやり方を変える**

1. 開始時刻までに自主的に整列する。
2. 「気をつけ、前へならえ」を言わない。
3. 教員は学級の前に立ち動かない。
4. 子どもたちが自主的に整列するのを待つ。
5. 6年各学級代表があいさつをする。
6. 校長講話は3分以内。
7. 全体で10分で終える。

右記の例のようにメモする。これらを方針に位置付け学校づくりを具体的に進める。

⑦六月のＰ（プラン）を確認し見通しを立てておく

校長等のリーダーは執行管理のみならず先の見通しを付けることが重要な仕事である。教育は意図的、計画的、組織的な営みである。全員がビジョンを共有し協働して取り組むよう、一学期後半、少なくとも一か月先をどのように経営・運営していくかを明確にしてリードすることが必要である。五月末には六月の見通しが立つようにしよう。

6月　★六月　学校経営ビジョンにそった学校づくり…自らのカラーを打ち出す

四月、五月が過ぎ、前任校長の凄さに驚く毎日か、なんとなく過ぎている毎日か、それとも前任者が残していった諸課題に振り回されている毎日か。あるいは、校長としての自分の力量に自信を感じるか、それとも力不足を感じるか。いずれにしても六月は自らのカラーを具体的に表現し示していくことが求められる。今度の校長は本気で学校をよくしよう、変えていこうと取り組むのか、その本気度を具体的な言動からじっと見ている。この人はついていくだけの価値ある人かどうか計っていると見てよい。では、どうするか。あらためて、自らの学校経営ビジョンを確認しよう。自分の原点を忘れてはならない。そして学校経営方針にそった行動、言動で経営を体現することを意識して実践しよう。自らの学校経営ビジョンを再確認し前進させよう。

①方針取組の先後の決断…八ヶ岳型から富士山型へ

年度当初、かくありたいと願い立派な経営方針を立てて示したことであろう。しかし、方針全てを横並びに実現しようと焦ってはならない。いっぺんには実現できない。何を重点にするか、何から取り組むのか、先後の決断が必要である。あれもこれもと欲張る八ヶ岳型にすると、全員が努力したとしても力が分散され、エネルギーを注いだ割には成果が出てこない。結果的に疲労感や徒労感が広がるということになりかねない。一方で、一学期はこのことに重点を置いて一致協力して取り組む富士山型にすれば、全員の力が一つになり結果がついてくる。子どもも変化し変容する。教師はやりがいや喜びを感じて充実し指導に自信をもつ。校長は、そのために、方針実現の短期（学期程度）、中期（年度内）、長期（三年程度）の見通しを立て、かつその中でも方針の先後の決断をしてビジョンの実現を目指すようにする。これらをしっかりと確定するのは夏季休業中でよいが、当面、仮説的に計画を立てて実行、実践を先頭に立ってリードしよう。

②重点をキャッチフレーズで示す…先生方は覚えているか

どの方針にどのように取り組むのか。長々と説明するのではなく、一言で頭に入り、何をすればよいのかが見えるようにキャッチフレーズにすることを工夫する。

例えば、授業の充実を重点にするのなら、「**わかる・できる・つかう・つくる＝おもしろい**」などである。これは、現行教育課程においても重視される学習プロセスを簡潔に示したものであり、いくつかの学校ですでに取り入れている。基礎・基本の指導を確実に行う習得の授業（わかる・できる）、基礎・基本や既習経験を使って問題解決を指導する活用の授業（つかう）、自分で課題を設定し主体的・対話的に問題解決する探究の授業（つくる）である。子どもはこうした授業展開がおもしろい・楽しいと感じて学習意欲が高まる、という目論見を表現している。

生徒指導・生活指導において基本的な生活習慣の確立を重点にするのなら、「**あんぜん・あいさつ・あつまり・あとしまつ＝ここちよい生活づくり**」などである。順番に言えば、健康で安全な生活づくり、礼儀正しく気持ちのよい挨拶、集合には五分前行動で素早く集まり静かに待つ、片付け・掃除を手際よく綺麗にするということである。四つあることから、それぞれをいつやるかということも先後の決断である。子どもの実態から工夫しよう。

この他にも、『**与えて・させて・見回る指導**』と『**聞いて・助けて・任せて・見守る学習支援**』の**バランスのよい授業**」、「**ひとりをみんなで、やさしく・なかよく・あたたかい学級経営**」なども見られる。校長の方針を簡潔に表現してキャッチフレーズにしてみよう。

③子どもとのふれあい…名前を覚えて呼んでみよう

校長は校長先生、言わば全学年の学校主任であり全学級の担任でもある。可能な限り子どもの名前を覚えて、一人ひとりを呼んでみよう。学校で子どもの名前を一番覚えているのは養護教諭であろう。健康診断で一人ひとりの名前と顔を確認しながら触れ合う。また、気になる子どもや課題のある子どもは保健室によくくることから、そうした子どもの名前もいち早く覚える。養護教諭と張り合ってみよう。

子どもの方はどう関わってくるだろうか。親しみをもってくるか、よそよそしいか。語りかけてくるか、笑顔を見せるか。ここまでの校長の言動からなんらかのイメージをつくっている。遠足などで生活を共にするときに交流し話をしてみよう。思いがけず親の悩みが出たり、友達関係の話が出たりすることもある。そんなときは説教しないで、そっと話を聞くようにし、「お話できてうれしかったよ」と返しておこう。内容は担任にそっと伝えて対応を一緒に考えればよい。

④教職員の力量把握と人材の育成に向けて…聞く耳、長い目、広い心で

教師の仕事は、「授業で勝負」「授業が命」と言われるように授業が核である。六月の頃には、学校の教員一人ひとりがどのような授業・指導をするのか、そろそろ見えてこよう。また、各自の校務分掌とその具体的な職務の姿、職務行動もわかってくる。「いいな」と思うところがあれば、「おやっ」「あれっ」と気になるところもある。よくも悪くも気になるところは遠慮なく声をかけ、指導や行動・行為の意図や考えを聞いてみよう。校長としての自分がどう受け止めたかの反応も返してみよう。小さなことでの日常的な交流的な会話・たわいない会話が大切である。この日常があれば重い話題の場合も切り出しやすくなる。日常的な関わりを大切にしよう。

チーム学校と言われるように、学校には様々な立場や職務の教職員、時間や臨時の職員などがいる。これら全ての人々によって学校の教育活動が円滑に進められるのであり、これらの人々とも日ごろから交流することが大切である。それが生きるときが必ずある。

人材の育成が早急の課題であり校長の重要な職務であるが、これも焦らないことである。人を育てるということは、本人の内に育とうとする気持ちが必要なこと、また、育てるには時間がかかることを肝に命じて、育成計画を立てて、長い目でじっくりと取り組むようにする。校長がそうした目で見てくれていると感じることが人材の育成の原点であろう。

⑤学校体制の確立に向けて…よきチーム作りは「認める・褒める・感謝する」から

個々の教職員の資質・能力、授業力、指導力、職務遂行能力等々がわかってくるのと同じように、学校力、学校のチーム力も見えてこよう。職員室の雰囲気は明るく和やかか、ギスギスしていないか。時間に厳しく素早く行動するか、ずるずるといたりお喋りしていたりなどして教室に行くのが遅れていないか、行事や集会の目的・目標を共通理解し協力して指導に当たるか、担当者に任せて立っているだけか。問題発生に協力して素早く対応するか、見て見ぬふりしているのか。これらもよいところをしっかりと見て、それを認め褒めるようにする。校長が望むチーム学校の姿がよさを認め褒め感謝することでイメージできるようにする。できない人、関わらない人、わかっていない人などとは、個別にじっくり話し合うようにする。

以上、そうこうしているうちにすぐ七月、そして夏休み。そこでの教育計画、指導計画、諸予定、などの見通しが立っているか見えているか、確認しておこう。

7月 ★七月　後手から先手への転換点…するかしないかは決断次第

新任校長として三か月が過ぎ、学校経営ビジョンをもとに経営活動を展開してきた。しかし、実のところ、何かとやることが後手に回っている、傍観せざるをえなかったというところが本音ではないだろうか。逆に学校をよくしようと急いだため、いろいろと口を出しすぎ浮き上がってしまっているなどはないだろうか。このままであれば、結局一年間がその続きになりかねない。七月・八月、ここがふんばりどころ、がんばりどころ、見直しどころ、切り返しどころである。状況によっては仕切り直しになるかもしれない。いずれにしてもこの時を転換点にするかしないかは校長の決断次第である。

①学校評価・自己評価等を転換点に

学校評価は自己評価と学校関係者評価、地域によっては第三者評価を関連、連動させて学校の教育の質の向上を図り、家庭や地域の信頼獲得に努めることが常態となっている。問題は、評価が機能し実際に教育の質が向上しているのか、それを学校・家庭・地域で共有しているのかということである。すなわち、ＰＤＣＡのらせんサイクルの確立である。これを確実に行うためには、自己評価の形成的評価を七月に確実に行い、八月には夏季休業後の教育活動をどのように展開するか、どこをどう改善するかを明らかにしておく必要がある。特に、学校経営方針にそって重点化した指導方針や手だてを明らかにし具体化することが必要である。くれぐれも欲張らずに、着任一年目にしてまずこれだけはということに絞って実現を目指すことが肝要である。

②夏休みの自律的な生活づくりへ

学習・生活の転換点を迎えるのは子どもも同様である。四月からの新学年での学校生活で学習したことを振り返り、自分に身に付いたことは何か、もっと努力すべきことは何かを発達段階に応じて明らかにし自覚できるように指導・支援する必要がある。そして、長い夏休みに入る。夏休みは、これまでに学校で学習した経験を活用しながら家庭生活を自律的に過ごすときであり、それが試されるときである。長い休みをどのように過ごすか、楽しく充実したものにするか、感染症や熱中症への対応や注意など健康への配慮など、家庭と協力しながら学校において時間をかけて目標や計画を立てるようにする。その点について、学校としての指導計画を作成し共通理解して学年や学級による大きな差がでないようにする。これには、家庭はもちろん、地域の人々・学校関係者等にも加わってもらい、子どもたちの生活の健康・安全確保などに協力してもらうようにする。この辺のところは校長がしっかりとリーダーシップを発揮することが必要である。

③教職員の資質・能力向上へ…的確・適切な指導助言が生きる

七月・八月は教職員にとっても大事な節目・転換点であり、そうなるよう校長の指導・助言が大切である。教職員一人ひとりが学校評価の自己評価と関連させて、一つは自らの授業や学級経営、校務分掌の遂行などを自己評価し、成果を認識し自信をもてるようにする。一つは自己の課題を自覚し今後どう改善するか、九月からにどうつなげ生かすかを振り返るようにする。これらを実践する大事な時である。校長として着任三か月が過ぎ、個々の教職員の実態をほぼ把握できたことであろう。その上で、これからの学校づくりにどう関わってもらうかの構想を明確にし、一人ひとりの教職員がさらにどのような力を付けるべきかを明らかにする。その結果を人材の育成計画に表し、意図的・計画的そして組織的に育成していくようにする。意図的・計画的とは、どんな力をどのようにして付けていくようにするか、組織的とは校長だけではなく学校全体の協力のもとに一人ひとりの力をどのように育んでいくかを明示する。以下は具体的な取組の一例である。

○個々の教職員のライフプランや研修計画を聞き、どんな支援ができるかを考え実行する。
○夏季休業中にやりたい研修、やっておきたい研修を計画し、選択できるようにする。
○各教職員に必要と考える資質・能力の育成に関する研修を校長と一対一で実施する。
○普段できない諸事務の効率的、効果的な処理の方法を身につける研修を実施する。
○理科の実験や体育の実技研修、音楽の楽器の指導や図工の造形活動の指導などの体験的な研修を実施する。
○メンタルヘルスの理論や体験的な研修を、講師を招聘《しょうへい》して実施する。
○学校外での教育団体などの研究会、研修会等を紹介し、積極的な参加を勧める（出張扱いか休暇か、旅費は出るのかなども確認しておく）。
○長期休業日のよさを生かして休暇を活用しリフレッシュすることを奨める。

④家庭・地域との関係強化へ

夏季休業中は地域において様々な行事やイベント等が計画されることであろう。校長はこれに子どもたちや教職員がどのように参加することが期待されているのかを休業日前にしっかりと把握しておく。全容を把握した上でどの行事等にどのように参加するかについて事前に学校としての対応を確認し教職員と共通理解して、子どもや保護者に発信する。地域行事やイベント等は地域のリーダーや役員などと交流する機会ともなり、学校の取組や子どもの変容の姿について広報し学校理解を深めるチャンスにもなる。学校・教師が創意工夫しがんばっている姿やそれにより子どもたちが成長している姿を積極的に広報し関係強化に向けた宣伝マンとなることである。

⑤隗より始めよ…自らを振り返る

学校評価の形成的評価や学校関係者評価、あるいは第三者評価に取り組む前に、まずは校長が自己の学校経営をビジョンにそって自らの言動や判断等を振り返る自己評価をきちんとやっておく。そして教職員の形成的評価、学校関係者評価や第三者評価を真摯に受け止める姿勢を確立しておこう。以下はその視点の一例である。

◇子ども、教職員、保護者、地域の人々などの声に耳を傾け、子どもを第一に考えての言動及び判断であったか。

◇自らが立てたビジョンにそった言動及び判断をして教育活動等をリードしてきたか。

◇保護者や地域の人々、教職員等に笑顔で接し、明るく風通しのよい学校づくりに努めたか。

◇教職員が仕事をしやすい学校内外の環境づくりに努めたか。

◇相談や課題への判断・決断、対応は迅速かつ的確・適切であったか。

◇危機管理の判断を的確に行い、事故等の未然防止や対応に努めたか。

◇子どもたちのよさや変容、それを創り出している教職員の創意工夫や努力を積極的に広報することに努めたか。

以上の視点からこれまでの学校経営を振り返り、夏季休業後にどう先手を打って学校経営をリードしていくかしっかりと構想し、八月下旬にはスタートできるようにしたい。

8月 ★八月　先を見通し、足元を固める…八月後半がスタート

八月の中・後半をどう過ごすか、生かすか、大事なところである。特に、学習指導要領に基づく社会に開かれた教育課程の実施状況、資質・能力の三つの柱などの資質・能力の育成、そのためのカリキュラム・マネジメントの充実、主体的・対話的で深い学びの実現を目指す授業改善の取組状況と実現の実態、さらには進行するＧＩＧＡスクール・ＩＣＴ活用の推進状況、これらを強化する「令和の日本型学校教育の構築」を目指した個別最適な学びと、協働的な学びの一体的な実現等々について数年間の見通しを持ちながらこの先どう取り組んでいくかを確立していくことが必要である。また、働き方改革についても各学校での具体的な取組の進展が求められている。感染症対策も予断を許さない。繰り返し襲ってくる可能性も否定できない。これまでの経験を踏まえてより適切な対応を準備しておく必要がある。校長は、何にどのように取り組むかを具体的に計画できるかが問われるということである。主なものを例示したが、この他にも新たに始まっている小学校の三十五人学級や小学校高学年の教科担任制での指導の成果が問われる。あらためて今後の見通しをしっかりともって着実に取り組めるようリードしていきたい。

①足元固めのスタートは八月から

八月中・後半の大事な仕事は中・長期的な展望と計画を見据えながら足元を固めることである。

この二学期、あるいは一学期後半から二学期前半の教育活動の質をどう高めていくかについて方針や見通しを示し、学校がチーム学校として一つになって取り組むようにリードすることである。スタートは子どもが登校する前からである。九月一日が始業であれば教育活動のスタートは八月後半からである。学校経営方針、教育課程の重点などにそって九月から十二月までの見通しをもち、準備をし、体制を整え、九月一日にはゆとりをもって子どもと関わり、子どもを見守れるようにする。この四か月どのように教育活動を進めるか見通しをもって取り組めるよう、二学期の意義や各月のもつ意味を学校経営方針の一環として示すようにする。以下は一例。

〔二学期〕楽しい学校をめざして目標や課題の実現・解決に協力し互いのよさを学び合う

九月：二学期の目標を立て、学習や生活の見通しをもつ

十月：目標の実現をめざして互いによさを発揮し合う

十一月：学習や生活の充実を目指して、互いのよさを学び合い高め合う

十二月：二学期のまとめをし、成果と課題を三学期につなげる

これらに関する指導は教育課程・指導計画に沿って全教職員が一丸となって取り組むよう校内研修等で実践的に確認し、協働的に取り組むようリードする。

②どこかで一休みを率先して

夏季休業の前半は、プール指導、補習、研修等々で校内はそれなりに賑わっていたことであろう。

また、学校評価・自己評価の形成的評価や学校関係者評価の中間評価などの結果から、九月以降に向けての改善策なども講じられていることであろう。さらに、地域での祭りやイベント、少年・少女のスポーツ大会、ラジオ体操等々も続いてけっこう忙しい日々でもあろう。こうした合間をぬって副校長等とよく打ち合わせをし、交代して休暇をとることも管理職の務めである。夏季休業中のリフレッシュを土日や祝日にからめてとれるように工夫しよう。もちろん、教員に休暇をとってリフレッシュすることを奨めよう。

③先端に立つ校長として自己研修

さて、校長としてこれからの激しい変化の時代を乗り切るためには、常に新たな知を吸収し自らを高めていくことが必要である。校長になったことは終着点ではなく出発点である。末端としての校長ではなく時代の先端をいく校長でなくては、未来を拓く子どもたちの教育をリードすることはできない。学ばなくてはならないことはたくさんある。長期休業日は本屋や図書館で情報や文化に直接触れる良い機会であり、リフレッシュもかねて読書をすることを薦めたい。

次々と出されている中央教育審議会の各答申や、文科省のＧＩＧＡスクール・ＩＣＴ活用関係の手引きや資料、デジタル庁の「教育データ利活用のロードマップ」等に目を通しておこう。

今一つ奨めたいことがある。この機会に新聞をじっくりと読むことである。普段は新聞に目を通すことはあっても隅から隅までじっくりと読むことはなかなかできないのではないか。新聞は政治・経済、社会、国際関係、文化、歴史、科学、健康、そして教育等々、あらゆる分野の情報や諸論が満載である。熟読することで視野、見方・考え方を広げたり深めたりできよう。一か月でもやってみると効果があることを実感することであろう。

普段関わりの少ない人々との交流もよい機会である。友人、かつての同僚、ご近所の付き合い等々、多彩な人々との付き合いは普段忘れていたものを思い出させたり、思いがけない情報を得たりする機会となる。最近は民間の自己研修の機会が多く提供されている。インターネットで検索すると学んでみたいと魅力を感じる研修を見つけることができよう。有料であるが投資するだけの価値を得ることができよう。いずれにしても、今のままで止まっていれば遅れていくだけであること、世の中・社会はどんどん進んでいることを自覚することが必要である。

また、これまでの教員生活で自分自身が学んできたこと、先輩から折々に教えられたこと・学んできたことなども振り返ってみよう。それらから、今も、そしてこれからも大事にしていこうと確信する不易の部分を確認することも大切にしたい。

9月 ★九月　目標の意識と取組の一段アップ…視点を明確に示してリード

九月から十二月は教育活動の充実・実りのときであり、そのスタートを大切にする。三学期制の学校では二学期の学校や学年あるいは自己の目標、二学期制の学校では一学期あるいは一学期後半の目標を子どもたちに意識させる。また、目標実現に向けてどのように取り組むかについて計画や見通しをもてるようにする。校長は朝会講話などでこのことを繰り返し伝え、子どもたちの目標に向けた意識を確かなものになるよう工夫する。代表委員会や生徒会、各委員会活動などに出席し、子どもたちが、例えば「楽しい学校を目指して目標や課題の実現・解決に努力し互いのよさを学び合う」学校づくりの主役となり、その実現に向けて全校をリードするよう期待や励ましを伝えるようにする。

①九月からの方向性・取組等を教職員と確認し工程表を作成して共有する

教職員には、学校経営の具体的な方針及び子どもたちの学校づくり、そして九月の学習・生活の指導の視点を意識して授業や校務分掌に臨むよう指導助言する。また、資質・能力の育成を確実にする主体的・対話的で深い学びを「個別最適な学びと協働的な学びとの一体的な充実」及びＩＣＴの活用等により一層確かなものにしていく取組を推進することを伝え、日々の授業や校内研修でどのように取り組むかを明らかにし意欲と見通しがもてるようにする。

これらの取組については、家庭や地域及び学校運営協議会などにも伝え、理解と協力を得て共に取り組むことを依頼する。

②個別最適な学びと協働的な学びの一体的な充実

「個別最適な学び」はこれまでも重視してきた「個に応じた指導」を学習者の視点から見直したもの。「個に応じた指導」は、これまで個別学習、グループ別学習、繰り返し学習、学習内容の習熟の程度に応じた学習、児童の興味・関心等に応じた課題学習、補充的な学習や発展的な学習などが創意工夫されてきた。また、少人数指導や教科担任制、交換授業など、教師間の協力による指導体制の充実に取り組んできた。こうした指導方法や指導体制の工夫改善を子どもの主体的な学びの実現の視点から見直すことである。教師中心の指導から子どもの主体的な学びの実現に転換すること、主体的・対話的で深い学びの実現に向けた授業改善を強化することを目指している。

個に応じた指導・個別最適な学びの在り方を具体的に示すのが「指導の個別化」と「学習の個性化」である。「指導の個別化」は、資質能力の三つの柱を育むため教師が支援の必要な子どもにより重点的な指導を行うことや、子ども一人ひとりの特性や学習進度、学習到達度に応じ、指導方法・教材や学習時間の柔軟な提供を行うこと等を重視している。「学習の個性化」は、身に付けた諸資質・能力等を土台として、教師が子ども一人ひとりに応じた学習活動や学習課題に取り組む機会を提供することにより、学習が最適となるよう子どもが自ら調整することを重視している。その際、教師、子どもが共にICTを活用し学びの効果を高めることが期待されている。

「個別最適な学び」とともに「協働的な学び」が重視されている。集団の中で個が埋没してしまうことのないよう、一人ひとりの良い点や可能性を生かすこと、異なる考え方が組み合わさり、よりよい学びを生み出すことを期待している。今後の授業において「個別最適な学び」の成果を「協働的な学び」に生かし、更にその成果を「個別最適な学び」に還元するなど、「個別最適な学び」と「協働的な学び」を一体的に充実し「主体的・対話的で深い学び」の実現に向けた授業改善につなげていくことが重要であり、どのように実現するかを課題として、校内研修や各自が取り組む校内体制を整えるようにする。

③ＧＩＧＡスクール構想及びＩＣＴ活用の推進と学びの深まり

ＧＩＧＡスクール構想は「児童生徒一人一台端末と高速大容量の通信ネットワークを一体的に整備し、多様な子供たちを誰一人取り残すことなく公正に最適化された創造性を育む教育を全国の学校現場で継続的に実現させる」ことを目的とする。令和の時代のスタンダードとして学校のＩＣＴ環境を実現し、すべての子どもたちの可能性を引き出す個別最適な学びと協働的な学びの一体的な指導の充実を図り、「主体的・対話的で深い学び」を実現することで一人ひとりの子どもの資質・能力を確かに育むことを目指している。令和三年から全国の学校で一人一台の端末が実現し、令和四年が本格実施の年であり、今後、急速に取組が進化していくことが自明である。その中で何よりも求められるのは、教師が授業でＩＣＴを如何に活用していくかということであり、ＩＣＴ活用により子どもの主体的な学びが深まるかが問われている。改めて学習指導要領での「情報活用能力」育成の位置付けを確認し、学校としての教科横断的な取組等カリキュラム・マネジメントの進め方、各教科等におけるＩＣＴ活用の基本的な考え方、指導の実際における留意点などを確認し、全教職員が協働して取り組み、子どもにICT格差が生じないようにする。

④カリキュラム・マネジメントを確立する

各学校は「カリキュラム・マネジメント」を通じて子どもたちが「何を学ぶか」「何ができるようになるか」「どのように学ぶか」「何が身に付いたか」を組み立てていくことが求められている。「カリキュラム・マネジメント」についてはこれまでも各学校は「PDCA」の側面から行ってきたが、そのサイクルのらせん状の確立を重視する必要がある。サイクルのらせんを確立し次のプラン改善につなげて新たな改善の実践につながる。この他の側面として「教科横断的な視点での教育内容の組織的な配列」や「教育内容と、教育活動に必要な人的・物的な資源の効果的な組み合わせ」を求め、合わせて「三つの側面」を確実に実施することを確認する。

「主体的・対話的な深い学び（アクティブ・ラーニング）」を実現するためには、指導内容や指導方法において各教科等の相互の関連を図り、子どもが他教科等で身につけた知識・技能や既習経験を主体的に活用できるようにする必要がある。また、各教科等の指導を充実するためには、地域の人材の協力や地域の自然等の活用、地域の諸機関・人材との協力や連携が必要であることは、これまでの実践でも明らかなことであり、いずれも「カリキュラム・マネジメント」に関する事項である。しかしながらこれらについても諸調査では必ずしも十分とは言えない結果が報告されている。したがって、校長は自校の教育課程・指導計画及びその実践を見直しながら、学校を挙げて「カリキュラム・マネジメント」を実践しその確立に向けてリーダーシップを発揮することが必要である。

⑤保護者・地域に説明し理解・協力を得る

保護者や地域の人々もこれからの教育がどう変わるのかについて関心が高い。マスコミ等の情報から我が子が質の高い教育をきちんと受けられるのか、期待と不安をもっている。校長は、保護者等がマスコミ等の部分的な報道に惑わされないよう、これからの教育の方向や具体的な内容や方法の全容を順次しっかりと説明していく必要がある。そして、「社会に開かれた教育課程」の意義や意味、「チームとしての学校」の在り方、「カリキュラム・マネジメント」での協働等々において、自らの学校経営ビジョンを基に丁寧に説明し、参画を求め、協働して学校を創っていくことを改めて伝え、理解と協力が得られるようにする。保護者会、学校通信、ホームページ、地域の会議等による広報などを継続して行うようにする。

10月　★十月　個に応じた人材の育成…実りの秋は教師から

年度の後半に入り、教育活動が円滑かつ効果的に展開され、学校は活気があふれ子どもたちが活き活きと学び生活している。そんな姿の現出が期待されるときである。実りある学校を生み出すのは教師集団であり、それを育て生かし発揮できるようにするのが校長のリーダーシップである。一人ひとりの教師の力量はこの半年の中で向上しているだろうか。通常、組織においては優秀、普通、課題ありの割合が二対六対二の割合になると言われているが、現任校ではどうだろうか。教師一人ひとりの力量をしっかりと把握するために「人材ポートフォリオ」を作成してみよう。例えば、仕事力を縦軸、人間性を横軸にして十字チャートを作りそれぞれを高い低いによる四象限に位置付けると個々の教師と学校全体の教師の仕事力・人間性の状況が見え、個々に、全体にどう対応してレベルを上げていくかが見えてこよう。また、個々の教師のライフプランに応じた自己育成計画について相談にのりアドバイスすることも大切である。これらを踏まえて、個々の教員の育成計画を力量アップに向けて見通しのあるものにし、育成指導を具体的に展開する。

①主体的・対話的で深い学びを実現する

子どもたちが確かに育つためには日々の授業に教師が熱意をもって取り組むことが何よりも基盤である。その上で授業の質を高めることが求められる。一人ひとりの教員の授業力をしっかりと把握し、授業の何をどう改善するか当人と共通理解し、具体的な指導を行うようにする。教育改革が進行し、資質・能力の育成をめざす「主体的・対話的で深い学びの実現に向けた授業改善」、これを強化する「個別最適な学びと協働的な学びの一体的な充実」が重視されている。これまで教師側の視点でとらえていた「個に応じた指導」を子ども側の視点でとらえた「個別最適な学び」を重視し、「学習の個性化」と「指導の個別化」の観点から授業の質の向上が求められている。また、個別最適な学びは「協働的な学び」と一体的に扱うことでより学びの質が深まることが期待されている。さらにはその指導にＩＣＴを効果的に活用することも求められている。校長は教職員がその認識と自覚をもって日々の授業に取り組み、レベルアップするよう指導助言を行うようにする。また、校内研修と連動させ、研修成果を日々の実践に即生かすように指導を行う。

②特別活動、学級経営を重視し楽しいクラスづくりを進める

教師の力量アップは授業とともに学級経営の充実に向けた指導力向上が求められる。今日、若手の教師が増加している状況において特にこの点が重要である。また、コロナ禍において学校の意義が再認識されその中での学級の重要性が捉え直されている。学級は、子どもが主体的・対話的に学んだり生活したりし生活の質を深めていく場であることが求められる。学級が学びの場として、子どもの生きる力の基盤となる資質・能力の三つの柱の育成の場となるよう学級経営が展開されることが求められる。今一つは、こうした学級の実現に向ける過程でいじめや不登校の問題が速やかに解決され明るく楽しい学級づくりが進展できるようにすることが求められる。一人ひとりの子どもへの理解を深め、日々変化変容する子どもを捉え情熱をもって子どもと関わる学級経営を大切にする。以上の視点に立って、どのような学級をどのようにつくり育んでいくかに

ついて学級経営案を作成しこれに基づいて、意図的、計画的、組織的に学級の質を高めていくことができるように指導助言していく。その教育課程上の基盤、位置付けが特別活動である。学級活動、児童会活動・生徒会活動、クラブ活動（小学校）、学校行事の意義、目標、内容を確認し、これらの学習を基盤にして学級経営を意図的、計画的、組織的に展開していくように指導助言する。これも校長の人材の育成計画に基づき、学校を挙げて組織的に取り組んでいくようにリードする。

③教職員もアクティブ・ラーニングで研修する

秋は校内研修を充実させるときでもある。各学校では「主体的・対話的で深い学びの実現に向けた授業改善」、「個別最適な学びと協働的な学びの一体的な充実」、「ＩＣＴ活用」等を意識した校内研修を進めていよう。今求められている「資質・能力」とはなにか、なぜ今それが求められているのか、その背景は何かをしっかりと押さえ踏まえるようにすることが大切である。その上で「主体的・対話的で深い学び」等が重視され、それを実現するための授業改善の視点として「アクティブ・ラーニング」があること。「アクティブ・ラーニング」を実現するためには、教科横断的な視点、らせん状ＰＤＣＡのサイクルの確立、人的・物的資源の活用等を重視する「カリキュラム・マネジメント」と連動させる必要があること。これらについて確実に理解できるようにし、これを踏まえてアクティブ・ラーニングの授業づくりの研修を充実する。したがって、教師自らがアクティブに研修し思考を深められるような思考ツールやワークショップ等々を取り入れた研修を工夫して行うようにする。

④教員の努力や創意工夫を広報する

子どもたちの実りに向けて教師集団は創意工夫し努力している。その成果は大なり小なり各学級の子どもの姿に表れてくる。授業の工夫や学級経営の努力が実り始めるということである。校長はそれを見逃してはならない。校内巡視や授業観察などの際に各学級の子どものよさをしっかり見取り・聞き取り・読み取り・感じ取ることである。そして、そのよさや成果を教師に伝えて労うようにする。「今日の授業の発問がよかったね。子どもの発言の質が変わったよ」「君のクラスのＡ君の作文は論理がはっきりし主張が明確でわかりやすいね。下級生の参考になるよ」「体育の集団行動が一つにまとまっていて見事だね。子どもたちのやる気が伝わってくるよ」などと評価を伝えよう。また、こうした教師の努力や工夫の姿は、家庭や地域に向けて広報・宣伝しよう。家庭・地域の人々は教師集団の創意工夫や努力を意外と知らないのが現実である。工夫や努力は当たり前と謙遜せず、遠慮しないで家庭や地域に伝えていこう。知って・わかって初めて保護者や地域の人々に感謝の気持ちが湧き、感謝の声が聞こえてこよう。

⑤次年度の人事構想・異動に対応する

秋は異動に向けた動きが具体化するときである。新任校長は初めてのことで何かとわからないことや不安なこともあり、とかく後手に回りがちである。近隣の校長や頼りにしている先輩、同期の校長、個人的な知人友人などのネットワーク図を作って、早めに情報収集し対応していくようにする。人事の情報も待っていたのでは入ってこない。自分からネットワークを駆使して情報収集することが必要である。校内ではまず異動を希望している教師を把握する。周囲の学校で本校への異動を希望しているものがないか情報収集する。こうした情報を踏まえながら、次年度の人事構想を立てる。人事については「入りたい人より入れたい人、残りたい人より残したい人、出たい人より出したいところであるが、相手や教育委員会があることからそううまくはいかない。「出したい人」といきたいところであるが、相手や教育委員会があることからそううまくはいかない。「出したい人」を出しても同じレベルの教師が入ってくる(経験則)。出すか残すかは迷うところであるが、本人の希望と将来を熟慮し、校長の都合は二の次にして、子ども・学校にとってよいと考える決断をすることである。学校経営構想にそって人事構想を立て異動に取り組もう。

11月 ★十一月　教育の充実・実る子どもたち…この学校でよかったなあ

十一月は年間の中で教育活動が充実し発展するときである。一人ひとりの実りの姿が見えているだろうか。

子どもたちの進歩・成長の姿を実感できるときでもある。学習に集中したり、行事をこなしたりなど、教育課程が円滑に展開されていることが多い。九月、十月と子どもたちの成長の芽を発見し、それが伸びるように努力してきた成果がこの時期に花開き実となっていく。しかしながら、ともするとそのムードに流されて、子ども一人ひとりの具体的な進歩や成長の姿、事実の把握を忘れがちになる。**成長の姿を見て・見つめて・見極める**ことが大切である。その視点は、学校経営方針に示してある。学習指導で求めるもの、生徒指導で求めるもの、そして、この時期の子どもの育ちに関して目標とし期待している姿など、改めて確認しながらその実現の姿や状況を把握し、さらに先に進むようリードするのが校長である。

①主体的・対話的で深い学びの姿を見取り共有する

子どもたちの言語活動は活発に行われているか。すなわち、思考し判断し表現することを主体的に行っているか。習得した基礎的・基本的な知識・技能を活用して問題解決に取り組んでいるか。学習の見通しや振り返りをしっかり行い、新たな問いを発見して次の学びにつなげているか。友達と対話したり、話し合ったりし、協力して学習を進めているか。学習に意欲的に取り組んでいるか。これらは、全て、学習指導要領に基づく教育課程で実現すべき子どもの学びの姿である。こうした学びの姿から一人ひとりの資質・能力の進歩や成長をしっかりと見取ることが必要である。校長は各教室の授業をしっかりと観察して、子ども一人ひとりにどのような力がついているかを具体的に捉えるように努め、進歩・成長の事実や姿を教師と共有できるようにする。

②子どもが学校生活創りの主役となる

学校は子どもにとって楽しいところであり、楽しい生活を創る主役は子どもたちである。この時期は特別活動の学級活動、児童会活動や生徒会活動、委員会活動などの活動が活発になり充実するときである。学校生活を豊かなものにするために、アイディアや知恵を出し合い協力して自分たちが目指す児童会づくり、生徒会づくり、学年づくり、学級づくりに取り組む。これらは自分たちの学校づくりでもある。校長は、こうした取組に力を発揮しているリーダーのがんばりや力の発揮の状況・実態、協力し合う子どもたちの姿をしっかりと把握し、校長や教師も応援したり、共に努力したりすることを伝える。

学校生活は、各委員会活動、係活動、当番活動などの地味な日常活動によって成り立ち、学校生活を健全に送ることができる。こうした活動に汗を流したり、真面目に取り組んだりしている一人ひとりの姿を観察し把握する。そのがんばる姿を認め、褒め、感謝し、励まして、自分たちがこの学校、母校の伝統を受け継ぐとともに、新しい歩みを創っているのだという自負や実感をもてるようにし、自信や誇りを育むようにする。

③学年、学校が一つになる

地域によって違いがあるが、体育祭・運動会、音楽祭・音楽会、学芸会、演劇祭、展覧会、学習発表会など、年間の中心的な行事がこの時期に行われる。その意義は、学校経営的には、全校の子どもたちが行事の目標に向けて一つになり、力を合わせて成功させることである。校長として特に留意することは、結果や成果の素晴らしさや見事さにばかり目を向けるのではなく、創り上げていく過程をしっかりと観察して、そこに子どもたちの工夫や努力等や成長の姿を見出すことである。これらの行事は、各教科等で身に付けた知識・技能や態度等の活用や応用であり、総合的な発揮である。したがって、どのような力が身に付いているか、発揮しているかなどを校長としての識見と広い視野から見出し、そのよささや進歩、学びの成果や価値を子どもたちに伝え、この学校で学んでよかったと実感できるようにすることである。

④実りの見えない子はいないか

一人ひとりの実りを期待する時であるが、実りの見えない子や乏しい子も存在する。一人ひとりの子どもを観察していると自己実現できていない子が見えてこよう。いや、見出していくのも校長の目であり役目である。子どもの学びの姿や活動の姿は全体のよいと感じるものを見慣れると、とかく目立たない子やおとなしい子どもの姿を見失いがちである。担任教師が気付かないこともある。また、不登校の子どもはどうしているか、虐待を受けていたり、貧困家庭の状況になったりしている子どもはいないか、その後の対応は継続しているか、学校として組織的な取組が行われているかなどにも目を向けるようにする。

また、実りが薄いと捉えた子どもに、他の子どもがどう関わっていくか、どのように関わることが必要かなどを、校長として教師たちにアドバイスしていくことが求められる。「**一人はみんなのために、みんなは一人のために**」を、子ども、教師共々大事にし、みんなで実っていくようリードするのは校長である。

⑤認めて・褒めて・更なる高みへ

子どもたち一人ひとりの実りを発見し見出したらどうするか。まずは子どもに返そう。小さなことでも進歩しているところ、育っているところ、努力しているところ、力を発揮しているところ、協力しているところ、みんなのためにがんばっているところ等々、朝会や学校通信、折々の場で言葉にして伝えよう。校長先生から認められ、褒められたら嬉しさはひとしおであろう。また、クラスとして、学年として、委員会や児童会、生徒会など、集団としてのよさや進歩等は、全校朝会などで全員に伝え、みんなで進歩や成長を喜び合い共有する。そして、ここに止まらずに、更に高みに向けた目標を立て、前進するように励ますようにする。

教職員には、職員会議などで子どもたちの進歩や成長の姿を伝え評価し、これまでの創意工夫や努力を労い感謝の意を伝える。子どもの育ちは教師の育ちによるものでもある。アクティブ・ラーニングの視点である「主体的・対話的で深い学び」を実現する授業改善の取組に見られた創意工夫や努力の姿を具体的に各教室の授業から取り出し、校内研究・研修などの際に伝え、広げるようにする。課題ばかりに目を向けるのではなく、教師も自分の進歩や成長に目を向けて、更なる高みを協働して目指すようにリードする。
子どもたちの進歩や成長の姿、それを育んだ教職員の創意工夫や努力、進歩、協力の姿を家庭や地域に積極的に広報しよう。これが家庭や地域の更なる協力や援助を引き出す引き金ともなる。学校通信、ホームページでのお知らせ、地域での諸会合での広報、保護者会での話など、あらゆる機会に子どもの成長に向けた学校・教職員の創意工夫や努力の姿を伝えるようにする。

12月

★十二月　次年度の展望と計画…総仕上げと発展・飛躍に向けて

十二月は二学期の教育・学校運営を評価して三学期・年度末（二学期制では、二学期前半の評価をして後半・年度末）につなげるときである。十・十一月の段階で本年度の教育・学校運営の成果や課題はほぼ見えてきた。三学期（二学期後半）にそれらの総仕上げをするとともに、次年度にどうつなげ発展させていくかについて展望と計画を練るのがこの時期の校長の仕事である。新任校長にとっては初めてのことであるだけに、以下のように十二月段階から意図的・計画的に取り組むようにする。さらに、これらを通じて自らの学校経営ビジョンを改善する。二年目が勝負であり真に力量が問われる。三年目以上の校長は成果が学校全体の子どもの姿で現れることが問われることを認識しよう。

〈十二月〉学校評価等をもとに教育活動・学校運営等を見直し年度末の方針を確立する
〈一月〉教育課程を評価し、次年度の教育課程の改善案を基に編成方針を確立する
〈二月〉学校運営を評価し、改善案を基に次年度のチーム学校の在り方の方針を確立する
〈三月〉次年度教育課程に基づく指導計画を作成し、学校運営の諸実施計画を作成する

①年度末の教育・運営方針を確立する

四月から十一月まで、自らのリーダーシップの下に全校を挙げてつなぎ、発展させてきた教育活動の成果や課題を校長として自己評価する。第一に、学校教育目標に示す子どもの姿がどのように具現しているかを校長の目でしっかりと把握する。次いで、学校経営計画に示した方針について自己評価する。自らが示した学習指導、生徒指導、学年・学級・教科等経営などに関する学校経営方針がどの程度浸透し、どのような成果となっているか。教務、生徒指導、校内研究・研修、事務等々の校務分掌組織が機能し、全教職員が一体となって教育活動・学校運営に取り組んできたか。保護者や地域の人々との協力や連携、情報交換や広報などが円滑に行われ信頼の確保につながっていたか等々である。

これらについての自己評価とともに、学校の自己評価や学校関係者評価、保護者や子どものアンケートなどの学校評価の結果を加味して、三学期の総まとめ・総仕上げをどのように行うかを

明らかにする。十二月末又は一月初めに、その内容を教職員や保護者・地域に示し、次年度に向けた学校経営ビジョンの改善に取り組むようにする。

②方針を重点化して次年度の教育課程を編成する

十二月に行ったこれまでの教育・学校運営の自己評価等を基に、一月は主として教育課程の見直しを行って次年度の教育課程編成方針を立て、これをもとに次年度の教育課程の編成作業に入るようにリードする。その視点は「カリキュラム・マネジメントの三つの側面」を具現することである。体育、道徳、総合的な学習の時間、特別活動や人権教育、キャリア教育などの全体計画の作成を生かして、教科横断的な教育課程の編成を工夫する、地域等の教育資源を教育内容と関連付けて活用することを工夫するなどである。学習指導に関しては「資質・能力の三つの柱」の趣旨や「学習の基盤となる資質・能力」、「社会の変化に対応するために必要な資質・能力」等の育成を意識し意図して教育課程を編成する。さらに、「主体的・対話的で深い学び」を実現するアクティブ・ラーニングの視点で授業改善を目指す。生徒指導では、いじめや不登校を生じさせない人間関係の醸成や学級経営の充実を目指す。場合によってはこれらに関する最新の知見や情報について校内研修に取り入れることも指導・助言して意識化を図ることも必要である。これらの過程においても、保護者や地域住民の教育課程編成への参加・参画を求め、共に活動・作業を行うことを可能な限り取り入れて行くようリードする。

③チーム学校を視点にして学校運営を改善する

教育課程の方向性が定まってくれば、これをどのような学校組織で効果的に運営していくかについて校長の方針の下に全教職員で協議する。その視点は「チーム学校」である。チーム学校の趣旨は学校運営を教員、指導教諭、主幹教諭、栄養教諭・学校栄養職員、事務職員等の教職員のみではなく、スクールカウンセラー、スクールソーシャルワーカー、学校司書、ALT、特別支援教員支援員、ICT支援員等々の多様な専門人材が参画するとともに、保護者や地域住民が一体となって教育活動を展開したり支援したりして子どもたちの教育の質を高めていくことを目指すものである。この視点を一人ひとりの教員が自覚し、校務分掌に関する職務や活動においてチーム学校の趣旨が体現し一員として機能できるようにしていくことである。これは、カリキュラム・マネジメントとも一体となるものであり、校長のリーダーシップの発揮が問われる。従来の校務分掌組織を単に踏襲するのではなく、チームとしての学校運営を発展させる方向で機能するようにリードすることが大切である。

④三学期の見通しを立てて工程表を提示する

一月に教育課程の方向性や重点、二月に学校運営の組織や機能の改善・強化を図り、三月にはこれらを次年度にどう具現していくか、具体的な指導計画や各行事や事務作業等の実施計画を作成することになる。学校評価の結果を基にしたり、学校運営協議会、学校評議員会等々の意見や提言を取り入れたりしながら一・二月に並行して作業を行うこともあろう。いずれにしても三月は年度末関係の事務作業・処理が多いことから、これらとの関係を考慮しながら円滑に作業や事務を進められるよう校長等の管理職は十分に配慮することが必要である。また、各担当や責任者が作成する計画等についてしっかりと目を通し、自身が提示した方針に沿ったものになっているかについて明確に指導・助言することも必要である。四月に入れば、これらの指導計画や実施計画に沿ってすぐに教育活動・職務行動が始まるのであり、二年目の勝負はその内容にかかっていることを強く心に留めておきたい。以上を考慮して、三学期に取り組むべき事項を工程表にして提示し、教職員が見通しを持って取り組めるようにする。

⑤改革の視点をもって新たな学校文化を創る

チーム学校として全教職員等による以上の取組を進行させながら、校長は二年目の学校経営ビジョンを構築し提示する。ここで重視したいことは、現在の教育改革の動きである。二〇二〇（令和二）年の新教育課程実施で「知識・理解中心から資質・能力の育成へ」、「教えから学びへの構造改革」などと言われているように、学校に大きな変革を求められている。これを校長としてどうリードし子どもたちのための質の高い教育を実現していくか。また、ＧＩＧＡスクール構想・ＩＣＴ教育の質の深まり、働き方改革の推進、新たな感染症対策等々、学校のこれまでの何をどう変えていく必要があるのか。新たな学校文化をどのようなものにし、どのように創っていくのか。

保護者や地域住民とどう学校や地域づくりを進めていくのか。まさに先端を見据え、先頭に立ってリードしていくことが求められ期待されている。これはやはりチャレンジと言える仕事であり、一番やりがいのある時に校長になったのである。正月、一年の計でその出発を構想しよう。

1月 ★一月　次年度の教育課程編成・指導計画作成…短期を重点化で乗り切る

主体的・対話的で深い学び等を一人ひとりの子どもに確かに実現させるため、令和三年一月二六日、中央教育審議会が「『令和の日本型学校教育』の構築を目指して～全ての子どもたちの可能性を引き出す、個別最適な学びと、協働的な学びの実現～（答申）」を答申した。そのためのＩＣＴの活用推進が進められている。また、感染症対策も継続して取り組まなくてはならない状況が予想されている。そうした中で学校における働き方改革も確実に進めなくてはならない。次年度の教育課程の編成においてもこうした状況を意識して行うことが必要であり、校長の識見とリーダーシップの発揮が求められる。校長はこれらの背景や意義、求められている本質を深く認識して次年度に向けて教育課程の見直しと改善を先端となってリードしよう。

①学校教育目標と教育課程の関係を見直す

教育課程の評価の前提として、学校の教育目標と教育課程との関係をあらためて確認する。「学校教育目標を踏まえた」教育課程の編成は基本中の基本である。本来、教育課程は自校の教育目標の実現を目指して編成されるものであり、その教育課程を実施した結果、教育目標に掲げた子どもの姿が具現することが当然至極なのである。しかしながら、多くの学校では教育目標は掲げてあるだけで、教育課程と乖離し別個の存在になっているのではないかとこれまでも問題提起されてきた。毎年、教育課程を実施し改善していることになっているが、教育目標の方向に子どもが育ったという事例をあまり聞かないことも確かである。自校の教育課程が学校の教育目標を具現するためにどのような内容、方策や手だてを重視し編成されているかを見直すことである。例えば、教育目標を具現するために各教科等で重視する内容や能力は何か、それを身に付けるための学習指導の視点とその具体策や手だてが具体的に示されているか、というように教育目標の実現過程が教育課程→全体計画・指導計画→単元等の指導計画→各学級の週の指導計画（週案）→日常の授業というように具体化しつながるようにする。

②子ども一人ひとりの育ちを教育課程に位置付ける

平成二八年十二月の中教審の答申「（前略）学習指導要領の改善及び必要な方策等について」では、「子供一人一人」がキーワードとして随所に登場する。未来を拓く子ども一人ひとりをより大切にする教育を進めることを求めていると受け止められる。学習指導要領でも総則で一人ひとりの発達を支える指導の充実を求めている。令和三年一月の答申『令和の日本型学校教育』の構築を目指して」では「全ての子供たちの可能性を引き出す」ことを強調している。これを一人ひとりに具現する視点として「指導の個別化」「学習の個性化」を重視しており、これらを教育課程に位置付け、指導計画にその方法や手立てを具体的に示すようにする。

③教科等横断的な視点で教育課程を見直す

平成二八年十二月の答申では、学校教育の改善・充実の好循環を生み出す「カリキュラム・マネジメント」の実現を重視している。特に、第一の視点を重視する必要がある。すなわち「各教科等の教育内容を相互の関係で捉え、学校教育目標を踏まえた教科等横断的な視点で、その目標達成に必要な教育の内容を組織的に配列していくこと」の実践である。このことはこれまでの教育課程においても行われているはずであるが、教職員のこれに対する意識は低いと言えよう。即ち「全体計画」を機能させることである。「道徳」「体育」「総合的な学習の時間」「特別活動」においては、学習指導要領やその解説書において「全体計画」を作成することを求めている。また、総則では「合科的・関連的な指導」を、総合的な学習の時間では「他教科等及び総合的な学習の時間で身に付けた資質・能力を相互に関連付け、総合的に働くようにすること」を求めている。これら全てを見直し、教科等横断的な視点で学校の教育目標にアプローチする教育課程の編成に向け改善を図るようにしてきたはずである。この経験を生かし徹底していくことである。

④指導計画の作成と役割分担に取り組む

次年度の教育課程の編成と並行し、改善した教育課程に基づく年間・単元指導計画を作成する。改善の具体策や手だては指導計画に位置付けなくては次年度につながらない。個々の教員の週の指導計画はこの年間・単元指導計画に基づいて作成し日々実践するからである。その作業をいつから始めていつ仕上げるか、工程表を作成し各教科等の役割分担を決める。全体計画や各教科等の相互の関連を意識して作成する。指導計画を縦・横・斜めに見直して教科横断的な視点が具現されているかを見取り、修正する。これらは一月から三月中頃までに計画的に行い、三月中旬には仕上げておく必要がある。三月下旬は四月からの教育課程の準備や教材研究を行うから、その基となる指導計画ができあがっていなくてはならないからである。多忙な中であり見通しをもって取り組めるようにする。

⑤「行く・逃げる・去る」で終わらないように

一月は教育課程の見直しと改善作業を計画的・組織的に行うとともに、二月・三月の指導計画の改善につなげる月である。以上のように意図を明確にして工程表を作成し、役割分担を明示して取り組むようにする。工程表や役割分担表は職員室に掲示し、進行状況が把握できるようにしておく。教育課程の編成・指導計画の作成は教師のプロとしての証でもある。この経験を積むことが自信と誇りになるよう教員を指導しリードする。

一月は実質十六日程度、二月は二十日前後、三月は十五日前後であろうか。全部でも五十日程度である。あれもこれもと欲張ると結局何も得るものがなく、格言「一月は行く、二月は逃げる、三月は去る」のような結果になりかねない。この間に学校全体で重視してやるべきことを一つか二つに絞って、そこに全教職員の力を結集して取り組むようにリードすることが校長の責務である。教育課程改訂後の年次経過を見据えて、教育課程の見直し・改善の視点から学校経営、学校文化等々を見直し、次年度の学校経営ビジョン、経営方針や経営計画の構想を確立していくようにする。

2月

★二月　次年度の組織・運営計画作成…新たな学校文化のデザインづくり

二月は一月の教育課程の編成に向けた取組と呼応して、学校の組織運営の改善と新年度の計画を行う。これまでに行ってきた学校の組織運営の取り組み方の踏襲を止め、新たな学校文化づくりに向けて改革を行う取組である。教育の視点からは教育目標の具現に向けた教育課程実施のための諸条件を整える。経営的な視点からは、学校がもっている強みをどう発揮できるようにし改革につなげるかを明らかにする。管理的な視点からは、一年目に見出した諸課題をどう解決し安全・安心のある学校づくりをするかを具体的に提示する。また、新たな学校文化づくりを担う人材の育成をどのように進めるかについて次の組織づくりと相まって具体的な構想や計画を作るようにする。

①教員中心の組織から「チーム学校」づくりの強化へ

学校の組織運営を見直す視点は「チーム学校」である。「チーム学校」とは、「校長のリーダーシップの下、カリキュラム、日々の教育活動、学校の資源が一体的にマネジメントされ、教職員や学校内の多彩な人材が、それぞれの専門性を生かして能力を発揮し、子どもたちに必要な資質・能力を確実に身に付けさせる学校」を言う。この実現のために学級担任や教科担任の教諭だけではなく、養護教諭、栄養教諭、司書教諭、事務職員、スクールカウンセラー、スクールソーシャルワーカー、特別支援教育支援員、ＩＣＴ支援員等、部活動指導員などをそれぞれ学校の教育活動、学校運営の組織に位置付け、どの職務にどのように機能するかを校務分掌に明示するとともに、相互の関係を位置付けるようにする。保護者や地域住民等の学校関係者、警察、消防、保健所、児童相談所などの関係機関、スポーツ団体、経済団体、福祉団体等の各種団体などとの関係やその内容、協力・連携の在り方を示して、具体的に機能発揮ができるようにする。

②多忙感を払拭できる簡潔な組織編成へ

組織のスクラップ・アンド・ビルドが重要であるが、まずはスクラップに重点を置く。中央教育審議会の諸答申や学習指導要領が求めるこれからの学校づくり、学校や地域の特色を生かした新たな学校文化の創造、それを具現する教育課程を見通して、これを実現していく学校組織の在り方を模索していきたい。また、校内の所属教職員の人数、学校規模や地域の実態等に即した組織に改変することが必要である。従来のものを踏襲し、ただそれに人を位置付けるようなことはせず、最低必要限の組織からもう一度出発してみることである。場合によっては人をつけずに臨機応変に対応するなども考えておく。このあたりは学校評価結果を活用して対応するようにしたい。以上により、機動性・機能性のある組織にする。学校経営の重点、教育課程の重点にそった組織づくりを目指すことである。

③校務分掌の明示と責任の明確化

校務分掌は校長の責任で組織し分掌して配置するものである。適材適所と行きたいところだが、誰をどの分掌に配置するか悩むところである。個々の教職員の希望もあるが、教育課程の編成・実施、学校の組織的運営等などの視点から、そして数年先までの人材の育成の展望をもって分掌を組織することが大切である。その際重視したいことは、各分掌の職務内容を具体的に明示することである。いつ・どこで・どんな仕事を行うのか、いつ提案するのか、どんな計画で行うのかなど職務内容を具体的に示す。それにより、各校務、その責任者・担当者がどんな職務を行っているのかを全員が具体的に認識することができる。また、学校評価の際に成果や改善策を具体的に明らかにすることができる。これらによって一人ひとりが教育課程、学校運営における自他の役割分担を認識するとともに、いつ、どのように協働すればよいかを理解して、相互に責任ある仕事を遂行することが期待できる。

④「C」の後の「A」を次年度運営計画へ

ＰＤＣＡのらせん状サイクルを確立させているか。学校評価の総括的な評価から「C」「A」が明らかになっていることであろう。この次なるアクションを各校務分掌の職務内容の改善や運営計画の改善事項として、次年度の運営計画に具体的に位置付けているだろうか。ＰＤＣＡで終わってしまうと次のＰにつながらず、また同じことが繰り返されることになる。次年度の運営計画や分掌事務事項の改善策として具体的に位置付けなくてはならない。サイクルとしてらせん型に向上していくようにすることが学校経営である。校長の重要な仕事であり、これにより学校運営の質を高めていくようにする。

⑤予算編成…展望と計画をもち重点化して配分

年度末の学校運営の重要な視点として次年度の予算編成があり、展望と計画をもって予算を組むようにする。学校予算は全てが学校の自由にはならないが、それでも今日、ある程度は学校に任されている。前年度の踏襲や既得権の行使のような配分ではなく、次年度の教育課程を見通し、新たな学校文化づくりの展望をもち、その実現に向けて重点化して配分することを工夫する。校長の視点からは学校経営ビジョンの重点を具現することに、教育課程の視点からは重点とする教育目標の具現に資することに、教員の資質・能力向上の視点からは校内研修の充実に予算配分する。

⑥研修の充実を目指して

社会に開かれた教育課程、資質・能力の三つの柱、カリキュラム・マネジメント、主体的・対話的で深い学び、個別最適な学びと協働的な学びの一体的な充実、ＧＩＧＡスクール構想・ＩＣＴ教育の質の向上、言語活動の一層の充実、道徳教育の充実などについて学習するとともに、その実践力、指導力を高めなくてはならない。教員の免許制度の廃止に伴い、教員の質の低下を防ぐため新研修制度が令和五年度から導入され、その指針やガイドライン等も出されている。校長は、これらを参考にしながら、将来を見通すとともに、今すべき研修を確実に行い、理論と実践の往還など、専門職としての資質・能力を身に付けていくよう指導助言する。

⑦卒業式・入学式の準備

卒業式は最も重要な儀式といってよい。小学校では六年間の教育の総仕上げの姿を示す義務教育前半の修了、中学校では義務教育修了の晴れの門出の式である。校長の識見とリーダーシップが問われるところである。新任校校長は校長として初めての卒業式である。事前に計画を十分に検討するとともに、卒業式委員長などから説明をよく聞き、この一年間の学校改革に向けた学校経営が反映されているものであるかを確認する。卒業式に地域の人々や教育委員会など関係機関の代表者も参列する。それらを踏まえて学校経営の成果を具現する式の実現とそれに見合う祝辞を工夫する。入学式は二度目になることから、前年度の反省・評価を生かして、二年目としての校長の学校経営出発の儀式の気持ちで臨むようにする。もちろん主役は新一年生であるが、祝いの言葉を資質・能力の三つの柱を子どもの姿で踏まえるなどして、新しい学校づくりが進展していることを感じられるものに工夫する。

3月 ★三月　総仕上げを次年度につなぐ…学校経営ビジョンの更新

三月の総仕上げを子どもと共有しよう。三学期（二学期制は二学期後半）は年間のまとめのときであり、三月はまさに総仕上げのときである。学校評価・自己評価、学校関係者評価、第三者評価、学校運営協議会による学校評価などが実施され、これまでの教育の成果が確認されたことであろう。これらをもとにして、学校教育目標に掲げた子どもの姿がどのように具現しているかを把握し、教職員のこれまでの教育活動や校務遂行の創意工夫や一致協力、努力の成果として確認する。確認した成果、子どもの育ちは子どもたちに伝えて自信や誇りが持てるようにする。この一年間でどのように進歩し成長したかを具体的に伝え、一年間の学びの成果を教職員と子どもで共有し喜びを分かち合うようにする。さらには家庭・地域にも子どもたちの育ち、成長の姿を伝え、学校・家庭・地域の協働の成果であることを喜び共有する。

①新たな学校づくりの出発点

三月は、次年度に向けた準備の総仕上げの時でもある。次年度の学校づくりのスタート地点の確認である。これまで、一月には教育課程編成・指導計画作成に向けた取組を開始し、二月には学校運営組織の改善に向けた取組を行ってきた。その他にも、学校評価等で成果の継続や学校改善に向けた意見や提案が寄せられていることであろう。一方、これとともに、学習指導要領が目指している「資質・能力の三つの柱」を中核とする新たな「生きる力」を学校教育目標や教育課程に具現することが求められている。これを踏まえて、次年度の学校経営ビジョンを改善し再構築し、子ども、教職員、保護者、地域や関係者がチームとして一丸となってさらなる教育の質の向上に向かって進めるようにすることが責務である。スタート地点は三月にあることを確認したい。

②どんな学校を目指すか…新たな学校文化の創造

改訂された学習指導要領に基づく教育課程の編成・実施はその過程の半ばに入っている。すでに次の改訂に向けた動きも始まっている。これを受け止めて、教育課程でどんな子どもを育成するのか、そのためにどんな学校づくり・学校文化の創造を始めるのか、そのビジョンを示すことが必要である。この一年間に育んできたこれまでの学校文化を継承発展させていくのか、はたまた新たに何かを中核に据えるのか、保護者や地域の人々の思いや願いを受け止め、校長としてリーダーシップを発揮してこれらを打ち立てていく必要がある。すなわち、学校教育目標とも関連付けて、例えば、ＳＤＧｓ、ＥＳＤ、人権教育、地域の伝統や文化、キャリア教育、道徳教育・心の教育、学力向上、体育・健康教育、情報教育、特別支援教育等々の何を核にし、どのような学校文化を創造し育んでいくかを明示することである。明示する姿は簡潔でわかりやすく、意欲ややる気がわくメッセージとなることが望ましい。未来を拓く姿となるよう工夫したい。

③学校経営ビジョンに基づく学校経営方針の提示

学校経営ビジョンを打ち立て、具体的なメッセージとして示したなら、それを具現するための方針や方策を示す。その際、あれもこれもと欲張って方針のオンパレードとならないようにしたい。第2章に示したように「八ヶ岳型」になれば教職員等のエネルギーは分散され、一つの方向ではなくバラバラに発揮されることになり、がんばった割には結果が出ず疲労感・徒労感ばかりが残ると言うことになりかねない。ピラミッド・チャート式に最重点は一つ、次が二つ、残りはルーチンで着実にこなすというように重点を絞って見えるように示すことである。校長の仕事は、そのトップとなるものを何に絞るか、学校教育目標と新たに目指す学校文化の創造を視点にして決断することである。

④リーダーシップの在り方の見直し

この一年間、どのようにリーダーシップを発揮してきたか。トップダウン型か、ボトムアップ型か、それとも中庸的な双方向性型か。その結果を踏まえ、子どもや学校・地域の実態を踏まえて、どのタイプのリーダーシップの発揮で行くかを決断する。これは、教職員の力量等学校の実態を踏まえることが大切である。いずれにしても放任型や任せっぱなしは無責任であり、避けなくてはならない。リーダーシップの発揮が大切であり、一年間の本校での経験を十分に生かして未来を見据えた学校経営のリードを行うようにしよう。

⑤ビジョン実現への見通しを示す…三年計画の提示

学校経営ビジョンは学校づくりの構想を示すものだが、具体的にどのようにつくっていくのかの工程を示さなくては「絵に描いた餅」で終わりかねない。何を重点にし、いつからどのように取り組んでいくのかの工程表を作成し、プロセスやり方、誰が、どの組織が取り組むのか等を示すことが必要である。見える化である。工程表を作成し見える化して、はじめて学校づくりの見通しを理解することができる。これも校長が一方的に提示するのではなく教職員全員の話し合いや意見交換で総意の基に作成する。以下は一つの例である。

〈令和五年度〉…SDGsの実現を目指して教育課程を教科等横断的に再編成し、指導計画を作成して、SDGsを視点にした授業の在り方を検討する。

〈令和六年度〉…SDGsを視点にした教育課程・指導計画に基づいて、生活科・総合的な学習の時間、特別活動を核にしてSDGs実現の授業づくりに取り組む。

〈令和七年度〉…二年間の研究成果を生かして、全教育活動でSDGs実現の授業等を実践し、研究成果をまとめる。

⑥チームとしての学校の機能発揮

異動が明らかになってくるときであり、これを踏まえて四月からの人事構想を考え、新たな校務分掌組織を編成する。ミドルリーダー、若手、ベテラン等の教員、教員以外の事務や司書、SCやSSW、特別教育支援員等の専門職などが、教育活動や学校の組織運営に参画し、それぞれの力量や専門性を発揮し、一体となりチームとして教育の質を高めていくことができるように校長がリーダーシップを発揮していくことが求められている。これにしっかり応えられるよう視野を広げ見識を深めて取り組むことが求められる。

⑦学校経営ビジョンの提示と意見聴取

以上の内容を次年度の学校経営ビジョンとして作成し、教職員に提示し説明する。その上でこの案についての意見を求める。例えば、考えや意見を案の項目に朱書きで書き入れて提出してもらい、内容によって当人からさらに意見聴取する。学校によっては学校評議員会に意見を求めたり、地域運営学校の運営委員会で検討したりするなどもあろう。参考にすべき意見については学校経営ビジョンに取り入れるようにする。特に意見のない場合は提示したビジョンに異論はないということで受け止めることを伝え検討を感謝する。いずれにしても全員で検討した上での学校経営ビジョンとして位置付け、これにそって次年度の教育活動や学校運営を推進していくことを学校内外に公表する。

第4章 先端をリードする校長の講話・挨拶・スピーチ等

■校長は学校の長、学校の代表として学校の内外で講話や挨拶、スピーチ等をする機会が多くある。どんな話をするか、子ども・保護者・地域の人々・関係機関の人々等々が興味関心を持って聞いている。内容のある話をわかりやすく話し、しっかり伝えることができるだろうか。

1　好きですか・嫌いですか？　朝会講話

学校によって違いはあるが多くの学校では毎週月曜の朝に朝会を実施している。朝会は特別活動の学校行事の儀式的行事の一つでありその目標を毎週の朝会で実現することを目指すものである。校庭や体育館で全児童・生徒が一堂に会して行っている（コロナ禍の中ではオンラインでの実施も見られた）。全体で概ね十分程度。校長が朝礼台に上がり全校での挨拶の後に講話をする。「三分一本勝負」などと言われるように短い時間で話さないと嫌われる。子どもたちは面白い話、新しいことを知る話、身近な学校生活の話等々に興味を持って聞くが、だらだらとした長い話や御説教は嫌いである。しかも小学校では低学年から高学年までを意識して内容を考え構成しなくてはならない。それだけに校長講話として、今、何を話すか、どのように話すかは重要な課題であり、校長にすれば一週間はすぐ来る、追いかけられている感もある。「毎週の朝会講話がなければ校長も悪くないのだが」などと言う声も聞こえてくる。毎週の講話の教材（ネタ）を探し三分程度の話を作るのは結構な負担なのであろう。校長講話のネタ本が毎年出版される所以である。テレビ等で報道されたためか、子どもたちもネタ本の存在を知っている。一方で、朝会講話をつくるのが好きで、いろいろと話題を集めて講話にして子どもに話し、その反響・反応を楽しみにしている校長も多い。一週間に一度、全校の子どもたちと一堂に会して子どもたちに話しかけ講話をする機会は校長しか持てない。その良さ、喜びを実感し、ネタ本を参考にするとしても頼りきらず、自ら創作し自らの言葉で語ることを大切にしたい。

2　朝会講話の質を高める工夫

(1) 朝会講話の内容選択の視点

①教育目標・教育課程を大切にする

学校の教育目標は「生きる力」をその学校なりに視点を定め表現したものであり、学校教育目標の実現に向け教育課程を編成し教育活動を意図的・計画的・組織的に展開している。

朝会は、学校生活に一つの転機を与え、新しい生活への希望や意欲を持てるような動機づけを行い、学校などへの所属感を深めるとともに、厳かな機会を通して集団の場における規律、気品のある態度を育てることなどをねらいとしている。自校の教育課程にこの朝会の意義や内容などを明確にしておくことが必要である。朝会講話の内容案を作成する際には、教育目標の実現に向け、教育課程に位置付けた朝会の意義や内容等に基づき、年間計画を作成して行うようにする。

②夢をはぐくみ目標を持たせる

今日の子どもたちには、多様な機会を通して様々な情報が入る。教師や親が知らないこと、耳目に触れさせたくないことも情報として得ていることがある。一方で、社会や世界に目を向けたり、自然のすばらしさを体験したりすることが少なく、新しい発見や科学技術の進展等に疎いなど、情報や体験に偏りが見られる。これは保護者の影響もあろう。したがって、将来について考えたり、将来や未来に夢を馳せたりという経験も乏しい状況にある。このような育ちが成人になって様々な問題を生じさせている。朝会講話では、こうした子どもたちの目を開かせ、より広く、より遠く、より高く、将来や未来に夢を抱き、目標を持ち、希望を持つように内容を工夫する。

③命の大切さ、安全・安心な生活の大切さを伝える

子どもたちが明るく元気で楽しい学校生活を送るためには、学校が安全・安心な場でなくてはならない。そしてその根源にある命の大切さを誰もが認識し、互いを大切にする学校づくりが大切である。このために教師や保護者、地域の人々が様々な教育指導、配慮や協力・連携をしている。このことを子ども自身も認識し、自らも命を大切にし、安全・安心に気を配る生活をつくっていく意識を持つことが必要である。命、安全・安心の大切さを具体的に伝えるとともに、子どもたち自身が自分たちの力でそうした学校生活づくりや自分づくりを行うように求

めていく。

④基礎・基本が大切なことを伝える

基礎的・基本的な知識・技能の習得は、「生きる力」の一つとしての確かな学力の重要な要素である。基礎・基本は、日々の授業における学習の着実な積み上げや、繰り返し学習などの努力の上に身に付くものである。また、身に付いた基礎・基本は、更なる学習やより高度な学習において活用することができ、その体験を積むことが学習を楽しくし、学習意欲も向上する。そして、自ら課題を持って総合的な学習などで探究する際に、習得・活用した知識・技能が役に立つ。さらには、日常の生活に使え生活を豊かなものにしていくことになる。このように学校での基礎的・基本的な知識・技能の学習が重要であることについて具体例を示して伝えるようにする。

⑤思考力・判断力・表現力などの重要性を伝える

知識基盤社会と言われる時代では、自ら課題を持ち、自ら考え、判断し、行動する力が重要である。その力がどれだけ身に付いているかを図るためのＰＩＳＡ型の学力調査や文部科学省による全国学力・学習状況調査なども実施されている。その結果では、我が国の子どもたちは基礎的・基本的な知識技能は概ね良好であるが、思考力・判断力・表現力など基礎的・基本的な知識・技能を活用する力には課題があるとされている。講話では、この思考力・判断力・表現力の重要性について、各教科等での学習や日常生活における問題処理などを例にあげて、学習の中で自分の頭で考え、判断し、積極的に表現することに取り組むことを求め励ますようにする。

⑥豊かな心が大切なことを伝える

子どもたちが朝は学校へ行くのが楽しく、帰りにはもっと学校に居たい、長期休業日には早く学校が始まればいいと感じるような学校生活を送らせたい。そのためには、教師と子ども、子どもたちの人間関係において、心と心が強く結ばれていることが必要である。教師も子どもも心が豊かでなくてはならない。自分のことばかり考えていては、互いに心がギスギスしてくる。友達や相手のことを考え互いに思いやる心を通わせることで、居心地のよい生活をつくることができる。その心を通わせるためには、行動を通して努力をすることが必要である。このような考えのもと事例を通して、心を通わせる行動を互いにし、心が温まる学校をつくるよう求めていく。

⑦健やかな体づくりが大切なことを伝える

健康のありがたさは病気やケガをしたときにあらためて実感する。健康を損なえば、自分のやりたいことや楽しみにしていたことができなくなり、つまらない思いをする。そのような健康な体は自分でつくるものである。自分の身は自分で守る、自分の体は自分でつくること。健康な体づくりのために、学校では体育、家庭科、特別活動などの授業、給食、健康診断や体力テストなどをはじめとして意図的・計画的に教育・指導を積み重ねている。しかし、その成果や自分の課題を認識し、自分の健康づくりを実行するのは本人しかできない。このことの必要性や大切さを折々の健康に関する教育・指導と関連させて具体例を通して伝えるようにする。

⑧伝統や文化を受け継ぐことの大切さを伝える

国際化と言われる時代に未来を拓く子どもたちは、外国のことを理解する以上に自国のことを正しく認識しておくことが必要であり、常時その意識を持つことが大切である。外に目を奪われる余り、ともすると内のことが何もわかっていないということになりかねない。今日の若者の多くにその傾向が見られる。自国の伝統や文化、歴史についての関心と正しい理解を持たせ、さらに伝統や文化のよさを実感させ、それらを受け継ぐことの大切さについて伝えていくようにしたい。学校にも伝統や文化がある。地域には地域の人々が長年に渡って守りはぐくんできた伝統や文化がある。その人々や文化遺産を通して具体的に伝えるようにする。

⑨きまりや約束の大切さを伝える

学校教育法の義務教育の目標に規範意識が示された。今日の社会状況から、あらためて規範意識の高揚が求められている。人と人とが信頼し合って生きていくためには互いに規範を意識することが前提である。学校生活においては様々なきまりや約束がある。個々がこれを守らずに勝手な行動をすれば、集団のまとまりはなくなり、高い目標に向けた学習や生活は不可能となる。集団生活では、一人ひとりの子どもがきまりや約束を意識しそれを守って生活することの必要性や大切さを伝える。また、それにとどまらずに、よりよい生活づくりのためには、自分たちで相談して必要なきまりや約束をつくっていくことも大切であることを伝えるようにする。

⑩楽しい学校づくりの主役となることを伝える

教師・保護者・地域の人々の誰もが子どもたちが健やかに成長し立派な社会人となることを期待している。学校生活は言わばその練習の場でもある。子どもたちを指示や命令で動かすのではなく、自主性、自律性をはぐくみ、生活を自分たちの力で協力し諸問題を解決して、学校生活をよりよいものにつくっていくよう教育・指導することを大切にしたい。

講話においては、そうした生活づくりをしている学級や学年、委員会やクラブ活動等の例を伝える。そして、その活動により学校が楽しくなっていることを認め、褒めるようにする。自分たちの力で楽しい学校づくりをすることは、よりよい町や社会づくりにつながることを伝えるようにする。

（2） 朝会講話を成功させる十のポイント

①テーマを絞る

「校長先生の今朝の話は一言で言えば何ですか」と問われて、子どもが即座に「命を大切に」「いじめはいけない」などと、講話の主題を言えるようにすることが大切である。そのためには、講話の初めに「今日は、○○について話します」や、講話の終わりに「今日は、○○のことを話しました」などと講話の主題を伝える。主題を明らかにした以上、話の途中で他の主題に移行したり、主題からそれてしまったりなどのないように注意する。具体例や具体的な事実なども主題にそった内容となるよう十分に配慮する。話したい主題をまず絞ることである。

②話材は身近なものに

主題を具体的にとらえられるようにするため話材を工夫する。その際、子どもたちに身近なものから取り上げるようにする。低学年では経験がまだ乏しい実態があるから、低学年でも好奇心や興味をわかせる材料を取り上げるようにする。「身近な」ということは、子どもたちが身の回りで見聞きしているということや、学習経験があること、社会の中で大きな話題となっていることなどがあげられよう。距離的なものだけではなく心理的な身近も入れて考える。一部の子どもだけが興味あることではなく、また、全員に興味・関心を持ったり考えたりしてほしいことを伝えるのにふさわしい話材を選択する。

③話の構成をわかりやすく

話の筋や組み立てがとらえやすいようにする。国語での学習にあるように、「はじめ・なか・

おわり」や「起承転結」「結論・事実」「事実・結論」などを意識して話の筋を構成する。

話の始めでは、何の話かがわかるようにする。いきなり長話でダラダラと続くことのないようにする。話の過程では、話の展開がわかりやすいように、「一つ、二つ、三つ目」などや、「まず、次に、最後に」などと順序がわかるようにする。結論については、長々と話さずに簡潔に述べるようにする。繰り返してもよい。二度目に言うときは、一度目より短く表現することである。

④三分一本勝負…三分にまとめる

主題、内容、構成を考えたら講話文を作成する。子どもたちは校長の長話がきらいである。朝会は校長の話だけではない。ほかにも内容が予定されていることがほとんどである。そして、六年生から一年生までいる。朝会全体の意義や内容を考慮し、校長講話がメインではあるが一年生が集中して聞ける時間を配慮して、三分程度の講話にまとめるようにする。

文字量にすると、ゆっくり話した場合、四〇〇字詰め原稿用紙で二枚程度である。まず、案文を書いてみる。そのうえで、子どもたちの顔を思い浮かべながら、興味や好奇心、経験との関連、学習経験などを考慮して添削し、ほどよい内容と時間に収まるようにする。

⑤短いセンテンスで話す

三分で勝負である。話す文を短くし、一つひとつの文をしっかりと伝えるようにする。いくつかの短い文を話したら、その後、やや長めの文を入れじっくりと聞かせるようにする。これにより、話がリズミカルになり、子どもたちは聞き取りやすくなる。

たとえば、話の導入では、「先週のことです。学校にうれしい手紙が届きました。何でしょう。みなさんの中の一人がしたことです。困っているお年寄りの人を助けました」と短く続ける。その後、「そのお年寄りの人は助けてもらったお陰で、予定した電車に間に合い、大切な人との約束を果たすことができたとのことです。本当に感謝しているというお手紙です」と続ける。

⑥語りかけるようにゆっくりと話す

講話の内容が子どもたちにしみ込んでいくためには、内容の工夫が必要であるが、語りかけるようにゆっくりと話すことも大切である。語りかけるということは、話の内容が子どもたちの生活や学習に関連があること、自分の問題として考えてほしいこと、自分の行動を見直してみること、次から・明日からどうすればよいかを考えることなどに子どもたちの心を向けることである。そのために、子どもたちが話の内容へのイメージを持ち、話の先について聞き入るように、具体的な内容でゆっくりと語りかけるように話す。それにより子どもの反応もよく見えてくる。

⑦問答となるように話す

話の内容に興味・関心を持たせ、その目的や趣旨を共に考えさせるための手立てとして、問答となるように話すことがあげられる。話の主題や趣旨について、どう考えるか、どう行動するか、話の中の登場者はどうしたと思うか、みなさんだったらそんなときどう思うか、どうするかなど、子どもたちに問いを発し、暫し考えさせることである。その場で何人かに考えを発表してもらってもよい。前もって指名して頼んでおくこともよい。一方的な話の押しつけではなく、共に考え、共に答えを探し、共に行動し、よりよい生活づくりを求めていくようにしたい。

⑧全体を見渡し表情を見て話す

講話は空に向かって発信しているのではない。地面に向けているのでもない。目の前の子どもたち一人ひとりに向けて発信しているのである。短い時間の話ではあるが、話の内容が子どもたちに伝わっていくことを目標にすることが大切である。そのためには、話を聞いている子どもたちがどのような姿で聞いているか、全体を見渡してその様子や表情を見取ることが必要である。こちらに顔を向けて集中して聞いているか、話の内容や筋に応じて表情が変化しているか、頷いたり首を傾げたりなどして反応しているか。楽しそうか、真剣かなど期待している反応か、それともその逆かなど、見取った姿から、話の内容や展開を工夫し修正する。

⑨声、身振り、手振りを工夫する

コミュニケーションは言葉・会話だけで成立するものではない。声の大きさ、速さ、抑揚などの変化や工夫、身振りや手振り、顔の表情の変化による表現もあり、これらが子どもたちの受け止め方に影響を与える。真剣な顔、笑顔、怒っている顔と声の大きさや速さ、手のひらや指の動きや向き、体全体を乗り出したり屈んだりなどが一つになって表現されることで、話の内容がより一層効果的に発信され、聞いている子どもたちとのコミュニケーションが成立していく。また、大勢の子どもたちでも、ときにはマイクを使わずに肉声ではっきりと話して伝えることが必要なときもある。体全体で表情豊かな話を発信していくようにする。

⑩資料や実物を提示する

講話への興味・関心を引きつけたり高めたりするための方法として、資料や実物を提示することがある。簡単な図表を作ってデータを示す、新聞の記事を示す、文字や単語、標語、熟語などを大きく書いて示すなどして、注意を引くようにする。図書や話題の品物などの実物で好奇心をわき立たせる。これらによって子どもたちの目は見開かれ注視する。導入で示す場合、展開の途中で示す場合、話のまとめで示す場合などの場面の工夫、袋に入れて見えないようにして好奇心を高める工夫など、多様な工夫を凝らすことができる。後は、それを生かす話の内容と話し方の工夫である。子どもたちの心により響くものとなるための工夫である。

3　心に響く挨拶・スピーチ等の作り方・話し方の工夫

校長は学校の代表として、あるいは関係する組織や機関の一員や代表として、さまざまな場や機会に講話や挨拶・スピーチをすることがある。校長の大切な職務の一つと言えよう。

(1) 作り方のポイント

①ねらいを簡潔・明瞭に

場や機会、立場に応じた話をすることが求められるが、そのための第一は、話をする目的が何か、何のために話をするのかをしっかりと把握し、明確にすることである。話の目的は、たとえば、「お祝い」「挨拶」「説明」「連絡」「報告」「指導」「お願い・依頼」など多彩である。何が目的なのか上記の例示のように一言で押さえる。そのうえで場や機会等に応じた話のねらいを具体的に短い文章にまとめ、伝える相手の心に内容をしっかりと届けるように工夫する。

②伝える相手の確認と情報収集

話のねらいと合わせて、伝える相手は主としてどのような人々かを確認する。児童・生徒、教師や職員、保護者や学校評議員などの関係者、地域住民、町会の役員等、青少年育成委員などの地域の関係機関の人々などである。学校のことを全く知らなかったり、関わりのない人たちであったりする場合もある。これらの人々が混在することもある。年齢や経験など伝える相手の情報を事前に収集することが必要である。「学校の教育活動に日ごろから関心を持ち協力的であるか」や「話そうと考えている話のねらいや内容について興味・関心を持っているか」

などについて、しっかりと把握しておき、コミュニケーションが成立するように工夫する。

③伝える内容は腹八分

あれもこれも伝えたいと欲張ると話が長くなったり、くどくなったりして嫌がられる。以下の手順で講話の内容を絞り込むようにする。

ア　まず、伝えたい内容や事柄を案としてすべて列挙する。

イ　それぞれの内容や事柄が講話の目的やねらいに合致しているかを吟味し精選する。

ウ　精選した内容や事項について与えられている時間内で話せる内容に絞り込む。

エ　残された内容や事項の中からさらに八割程度に内容を厳選する。このように八割程度の内容に厳選することで二割分が余裕となる。

④話の柱と順序の工夫

話を聞くときに、聞き手は話の主題、筋や内容に予想や見通しを持ちながら聞いている。これらが曖昧だと話を聞かなくなる。「序論・本論・結論」「起・承・転・結」「結論→事実」「事実→結論」などのように、話の柱を明確にして順序立てて話すことを大切にしたい。

- 話の対象者の実態やニーズを考慮して話の柱を構成する。
- 話で取り上げる事実について聞き手が共通理解していないときは事実の話から入って、事実について解説し共通理解を図る。

・話で取り上げる事実について聞き手が共通理解しているときは、結論や考えから入り、自らの立場や意見を明確に伝える。

⑤導入で引きつける工夫

話の内容について聞き手に興味・関心がわかなければ、伝えたい内容が伝わらなくなる。聞き手に伝えたい内容に興味・関心を持ってもらい、しっかりと伝えるためには導入での話の内容や話し方について、たとえば以下のように工夫したい。

・「今日は○○について話します」など、はじめに主題を簡潔に伝える。
・「○○について知っていますか」というように問いかけから入る。
・「今○○が話題になっています」等最新のニュースを取り上げる。
・「これは何でしょう」と写真や資料、数字などを見せる。
・「昨日、すごく嬉しいことがありました」と感情表現から入る。
・「クイズを出します」などゲーム的な導入とする。

⑥終わり・まとめの工夫

話の終わり方にも工夫が必要である。時間がきたから終わり、一通り伝えたから終わりではなく、余韻が残り、印象が深まる終わり方を工夫したい。以下の例のように工夫してみよう。

・話のはじめに戻って、再度、結論や論点を確認する。

- 自分の考えを改めて伝えるとともに、聞き手の考えを問い、今後の話し合いや議論、情報交換などにつなげていくことを提案する。
- 様々な取組や協力が子どもの成長・発達につながり、よい結果を生み出している様子を伝え、今後への期待や意欲を引き出す。

⑦実物、写真・映像やデータの活用

話の内容が見えるようにしたり、納得がいくようにしたりするためには、実物や写真の提示、映像の映写、データの提示が効果的である。今日では、映写のための機器が発達し手軽に活用できる。「百聞は一見に如かず」のごとく、映像やデータで示して納得してもらいながら話を進める工夫も必要である。その際の話の作り方として、以下の三つの方法が考えられる。

- まず、実物や映像、データを見せる。そのうえで話を展開する。
- はじめに話をする。次に、その内容を映像やデータ等で示す。
- 話の途中に映像やデータを挿入しながら話を展開する。

⑧教師の工夫や努力の広報・宣伝

学校の教育活動において、教職員がさまざまな創意工夫や努力を行っているが、保護者や地域の人々はその実態や実情を意外と知らないものである。話の際には、話の節々にこれらを挿入して、学校・教職員の苦労やがんばりを広報・宣伝することも必要である。

●子どもの成長・発達の様子を具体的に伝え、その背景には教職員の創意工夫や努力があることを、例を挙げて説明する。
●子どもの学校生活には、多種多様な課題が生じていることを個人情報に配慮しながら伝え、それらの改善・克服に苦労したり努力したりしている教師の姿や改善・向上の様子を伝える。

⑨常に感謝の心を込めて

学校の教育活動の充実は、家庭や地域の協力があってより強固なものとなる。いろいろな支えがあって可能となる。こうした協力や支援への感謝を常に忘れないようにし、講話の内容のどこかに「感謝」の心の表現を盛り込むようにする。

●子どもたちには、常に感謝の心で終わるように話を作成する。
●家庭・地域には協力への感謝を伝え、それらが教師の意欲を高め、結果的には子どもの成長・発達につながることを伝える。

「感謝」の心を伝えることは話を温かいものにする効果がある。

⑩日ごろの情報収集と整理

話の内容を豊かなものにするためには、何よりも日ごろからの人間修養、自己錬磨が大切である。そのうえで、多様な情報収集手段を活用して、日常的に情報を収集する。マスコミ等からの収集、図書からの収集、出会う人々からの学びなど、あらゆる機会に情報を収集する。それらの内容からこれはと思うものを切り取ったりメモしたりしてノート等に記録したり、考えを記載したりしておく。日ごろの情報収集とその整理は話の質を高める基盤となる。

（２）効果的な話し方の工夫

①ゆっくり　はっきり　表情豊かに

講話等の時間には限りがあるため、つい早口になったりまくし立てたりすることがあるが、これでは話は一方通行になる。聞く人たちとコミュニケーションを図る気持ちで話すようにしたい。

- ゆっくり話すとは、話の主題や柱がよくわかるように話すことであり、話の筋や展開が理解できるように話すことである。
- はっきり話すとは、主語・述語の関係やキーワードが明確に聞き取れることや、話す言葉の語尾がはっきりと聞き取れるように話すことである。
- 表情豊かにとは、話の内容に応じて顔の表情を変化させるとともに、声の大きさや質を話の内容に応じて工夫することである。

②顔見て　問いかけ　語りかけ

講話等の対象、場や機会により、会場の広さや人数に違いがあっても、心掛けたいのが聞き手の顔を見ながら語りかけることである。十把一絡げで話すのではなく、一人ひとりに語りかけるつもりで話す。そのためには、いつも一方向のみを見て話すのではなく、「左→中央→右」や「前→中央→後ろ→（場合によっては二階席等）」などと順を追って顔を見ながら話しかけていくようにする。学校の朝会などでは「五年生の皆さん」などと語りかけるときは、その学年全体を見つめるとともに、学年内の一人ひとりの顔を見るつもりで話すようにする。よく見ていると、一人ひとりの反応が見えてくる。共感の笑顔やうなずき、理解していない顔、これらの反応を確認しながら話を進めることができよう。コミュニケーションの成立の第一歩である。

③身振り・手振りを交え　パフォーマンスに心を込めて

話し手がじっとしたままで、淡々とした話が続くと、中身のある話でも時に眠気を催すことがある。トータルコミュニケーションと言われるようにボディーランゲージも大切である。大切な話、おもしろい話、深刻な話、初めて聞く話など、話の内容に合わせて身振り・手振りを工夫し、視覚に訴えて話に引きつけるようにする。また、声の大小や強弱に合わせて身振り・手振りを大きくしたり小さくしたりなどを演出する。こうした工夫により、聞き手を話の内容に引き込んでいくことがいっそう可能となる。また、一方で、話の合間に一瞬でも動きを止めてシーンとした静寂の時間を取り入れることも効果的である。

④短い文で区切りや節目をつけ　長めの文でじっくりと

話の文がだらだらと句読点なく続いたり、切れ目なく続いたりすると聞き手は疲れストレスが溜まる。短い文の話で区切りをつけるとともに、いくつかの短い文の話の連続の後に節目をつくるようにする。

●「まず初めに」「第二に（次に）」「第三に（さらに）」などと話の展開を明確にして話す。それぞれの話の文は短くする。

●「私の考えは」「たとえば」「結論としては」「嬉しかったことは」「残念だったことは」「有り難かったことは」などと、これから何を言おうとしているのかが聞き手にわかるように話す。

●短い文の話を続けた後に、今度は長めの文の話をして、じっくりと聞かせるようにする。

⑤時には　声変え　感情込めて

話を聞いているときに、気持ちがこもっていない、何となく無感情だなどと物足りなく思うときがある。何を伝えたいのだろうかと問いたくなるときがある。本気で話しているのかと疑いたくなる。声の大小や強弱は話し手の内面を聞き手に伝える大切な要素であり、話の内容を伝えるうえで大切である。聞き手と暗黙のコミュニケーションを図るうえで声の調子や質の工夫が必要である。喜び、怒り、悲しみ、楽しみの感情や冷静さの表現を聞き手に伝えるためには、講話等の内容・質とともに声の調子を変化させることである。怒っているときは怒っているように（怒鳴ったり大声を出したりということではなく）、悲しいときは悲しいように、気持ちを伝えるという構えを大切にしたい。

⑥結論と事実　どちらを先に

話を聞いていて困るのが、長々と話しているのに一体何を言いたいのか、伝えたいのかがはっきりしないことである。事実や事例ばかりで肝心の結論が見えない。講話等の目的やねらいは多種多様である。その時々に応じて話すことが必要であるが、講話等のほとんどは短い時間であることから、結論をしっかりと伝えることを大切にしたい。

- 冒頭に結論を述べ、次にそれを説明する事例や事実を述べる。この場合でも最後にもう一度結論を簡潔に述べて念押しをしておく。
- はじめに事実や事例を述べる場合では、それらを一つ程度に簡略にして、事実や事例で引っ張るようなことはしないで、結論を導くようにする。結論を述べたら、さらなる事実・事例で主張したいこと、伝えたいことを強化する。

⑦キーワード　繰り返して　意識づけ

講話等の内容がはっきりしなかったり、伝わり方が弱かったりすることを振り返ってみると、キーワードが不明確な場合が多い。講話等の目的、ねらい、内容を伝えるためにそれらを一括りにしたうえで一言で表現する代表的な言葉、重要な言葉がキーワードである。講話等の際には、キーワードを決めて以下のように活用したい。

- 話の導入で話の主題をキーワードで示すようにする。
- 話の柱の各内容に必ずキーワードを入れて話を展開する。
- 話の終末ではキーワードを使ってまとめをする。
- 状況によってはキーワードを紙に書いて提示する。

⑧実物、映像、資料等を活用して

話す人が見て聞いて知っていても、聞き手側は知らないために話の内容が理解できないことがある。「百聞は一見に如かず」のたとえのとおり、可能な限り実物や映像、資料を用意し活用して講話の内容を伝える努力が必要である。最近は、実物投影機やプロジェクターが簡便に使えるようになっている。これらを活用して子どもの活動の様子や作品などを映し出したり、子どもの学力や体力のデータやその変化などを示したりすることで、事実や情報を共有しながら話を進めることができる。これにより聞き手は実感をともなって理解を得ることができよう。

⑨数秒の間《ま》が聞き手を引きつける

矢継ぎ早に次から次へと話が展開し、聞きくたびれるだけでなく、結局何を伝えたかったのかもわからないことがある。ほんの少しの間があれば聞き手は話を聞く構えや準備ができるのに、それを与えずに走ってしまう。聞き手を引きつける間のとり方の工夫が必要である。

- 話の一文一文に句読点をつけて話すようにする。一～二秒の間を空け、意識して呼吸しながら話をつなげていく。時々でよいから聞き手の顔・目を見ながら反応を確認するようにする。
- 話の段落や節目では、三～五秒程度の間をあけて大きく呼吸をする。また、聞き手の全体を見渡して、反応を確認する。

⑩工夫や努力、協力や連携、認めて褒めてよい気分

校長の話では、短時間での挨拶やお祝い、お礼などの場合が多い。否定的な内容や問題を指摘する内容よりも肯定的な内容や共感的な内容が期待される。子どもの成長・発達、努力や工夫、教師と子どもの関係、学校と家庭や地域との関係などにおける協力や連携のよさや進歩などを伝え、認めて褒めて共感できるようにする。その話を聞いて参会者がよい気分になるように話を展開する。そのためには、子どもや教師が育つ姿をつくり出すような学校経営が必要である。

4　各月ごとの講話等の要点

校長が子どもたちに講話をする機会は、入学式・卒業式、学期ごとの始業式・終業式、年度末の修了式、運動会などの学校行事の開会式・閉会式などがある。入学式は入学の祝いの言葉とこれからの学校生活に向けての心構え、成長への期待などを話す。卒業式では小学校六年、中学校

三年の全課程を修了しめでたく卒業するお祝いの言葉、進学、これからの人生に向けての花向けの言葉などを話す。

一学期の始業式では進級の喜びを共有し新学年に向けての希望や期待、目標等について話し、校長からの期待の言葉を投げかける。三学期の修了式は一年の学びが終了したことの確認、ここまでの努力や工夫などの労い、学校がみんなの協力でよりよくなったことへの称賛と喜び等を伝える。各学期の始業式・終業式では、その学期の意義、努力すべきこと、期待などを伝えたり、学期のまとめと成長や変容の姿の評価を伝えたりし、ここまでの努力や協力の成果であることを称賛したりなどをする。

運動会や体育祭、音楽会や音楽祭等の学校行事では、開会式で各行事の学校生活における意義、目標やスローガン等を目指して行事を成功させるよう全力を尽くすことや協力することへの期待を伝える。閉会式では結果から見えてきた成果、過程に表れていた努力や協力、裏方で支えていた子たちへの感謝などを伝え、成果を今後の学校生活につなぎ生かすよう期待の言葉をかける。

いずれも教育課程では特別活動の学校行事の儀式的行事である。学校行事の目標は「全校又は学年の児童で協力し、よりよい学校生活を築くための体験的な活動を通して、集団への所属感や連帯感を深め、公共の精神を養いながら、第一の目標に掲げる資質・能力を育成する」ことにある。儀式的行事の目標は「学校生活に有意義な変化や折り目を付け、厳粛で清新な気分を味わい、新しい生活の展開への動機付けとなるようにすること」にある。これらの行事はこの目標が一人ひとりの子どもに具現することを目指して行われるものであり、校長講話もその一環として有意義なものになることが必要である。

4月 ★四月…楽しく充実する学校生活づくりに向けて

四月は卯月。新年度の学校が出発・発進、離陸する月。子どもたちの清新な気持ち、入学や進級、新たな学年、新たな教師、新たな友達・仲間との出会い、それらへの期待と不安が入り混じっている。こうした気持ち、思いや願いを受け止め、やる気や意欲が高まりみんなで安心して学校生活のスタートを切る喜びを味わい合える講話を考える。

①学校の教育目標を全校児童・生徒が意識できるようにする。この学校がこれまでに大切にしてきたことは何か、先輩たちはどのような学校をつくり育ててきたか、地域や保護者は子どもたちや学校に何を期待しているか、望んでいるかなどを踏まえながら、今、学校が目指す子ども像について、一年生にもわかりやすく伝えるようにする。

②四月の学校行事では、入学式、始業式、着任・離任式、一年生を迎える会、定期健康診断、遠足、初めての避難訓練等々が相継ぐ。また、進学、進級により新たな教科や活動が始まったり授業の

内容が高度になったりする。これらを踏まえ、学校、学年に早く馴染み楽しい充実した学校生活を送れるように安心させ励ますために、何を講話の話題にするか十分に吟味する。とくに、新任校長は、学校・家庭・地域の実態を素早く把握し準備を整え講話に臨みたい。

③四月の講話の機会は全校朝会だけでなく、各行事の機会にその行事に即した講話や学年ごとを対象にした講話を行うことを踏まえるようにする。これらの講話全体の核にする内容や各講話の関連を図ることなど、しっかりと構想を立てておく。学校の教育目標、教育課程の重点、学校経営の重点などを踏まえるようにする。

④初めが肝心である。校長の話は時間が短くてわかりやすい、話の内容に興味・関心がわく、話がうまい、話が面白い、次の話が楽しみだ、などと思ってもらえるような話の内容や方法、表現の工夫を行うようにする。校長への親しみを感じたり、そばに行ってみたくなるような思いを抱いたりするように、校長自身が主体的な学びの視点、対話的な学びの視点からの講話改善にチャレンジし、子どもが講話から学びを深められるよう工夫する。

5月

★五月…目標めざして学校・学年・学級づくりを励ます

五月は皐月。憲法記念日、みどりの日、子どもの日などの祝日、立夏、八十八夜、世界赤十字デー、国際親善デー、児童福祉週間、愛鳥週間などの行事等がある。四月末からのゴールデンウィーク後から、新年度の学校生活は本格的な展開を始める。授業だけでなく、代表委員会・児童会活動、生徒会活動、委員会活動、クラブ活動、部活動等が本格的に活動し始める。一方、連休疲れの子どもや新生活に慣れない子ども、登校渋りの子どもも出始める。これらの子どもへの配慮を行い、四月からこれまでの諸活動の状況を踏まえ、教育課程にそって教育活動を円滑に進めていくことを意識し講話を考える。

①各学年・学級の目標を確認し、その実現に向けて協力し考えや意見を出し合い、よりよい集団「ワンチーム」となっていくことを期待していることを伝える。可能であれば、すべての学級の目標を一堂に掲示したり、映し出したりして見られるようにする。代表委員会、児童会活動、生徒会活動、委員会活動等の目標についても同様に大切にしたい。

②これから一年間学ぶことは、未来の自分つくりの一歩一段であること。子どもたちが社会に出るころのＡＩの時代と言われる世の中の変化について、すでに生活に位置付いている例を取り上げながら話すようにする。こうした時代には、知識・技能だけではなく、主体的に考え、判断し、表現することや、周りの人々と協働して問題解決することが大切な時代となること、今、各教科等で学ぶことはそれを備えていることを伝えるようにする。

③連休明けの学校生活に慣れること、そのために「早寝、早起き、朝御飯」などの生活習慣を整え

ること、皆で協力して楽しい学習や生活づくりを進めること、さらに交通安全に気を付けることを確認する。
④保護者や地域の人々、地域が大切な存在であることを踏まえる。五月に入ると、校長は保護者や地域の人々との出会いや会合が多くなる。校長がどんな考えでどのような教育を子どもたちにしようとしているのかを知りたがっている。講話の内容を学校通信やホームページなどで紹介して理解してもらうことを意識して工夫する。

6月　★六月…学習や生活の充実と友達・仲間づくりを目指す

六月は水無月。夏至、入梅、時の記念日、世界環境デー、歯の衛生週間、毎月二十二日の子ども安全の日等の行事等がある。プール開き・水泳指導、保護者等の一日参観、土曜または日曜参観なども計画される。保護者は、今年の先生は、クラスは、そして学校の様子はと期待と不安を抱えて参観に来る。六月は四月・五月のホップ・ステップから大きくジャンプする月。新年度の学校生活に慣れ落ち着きのある生活のなかで学習や生活が充実する月である。こうした状況に向けて、子どもたちがその主役となり学習や生活づくりに取り組んでいくように講話を工夫する。

①各学年・学級の教育目標の実現に向けた自主的・主体的な取組の姿を紹介する。四月に目標を設

定し、その後実現に向けて具体的な取組を進めている。それらのよさやがんばりを把握して、全校に紹介する。一方的な講話だけでなく、子どもたちの学びの姿のよさ、集団づくりの努力や工夫、委員会などでみんなのために貢献する働きの姿などを紹介し、それによって学校生活が楽しく充実していることを褒め、子どもたちが意識するように方向づける。

②学校生活を楽しく豊かなものにするために、「安全・挨拶・集まり・後始末」などのキーワードで生活づくりの視点を簡潔に示す。これらは、生活のあり方を見直し評価する際の評価基準ともなり、繰り返し活用できる。

③健康診断が終わる。この機会に各自の健康状態を自覚すること、外遊びをすることなどを含めて健康づくりに向けて自分が意識すべきこと取り組むべきことを自覚するように促す。また、熱中症や食中毒等の季節であり、自ら気を付けるよう促す。夜更かし、暴飲暴食などに注意して健康な生活づくりに自ら取り組むよう促す。

7·8月

★七・八月…一学期のまとめをして自律的な生活づくりに生かす

七月は文月。八月は葉月。海の日、山の日、七夕、盆、土用、立秋、広島原爆の日、長崎原爆の日、終戦記念日。定期考査、終業式、始業式、水泳指導、臨海学校、林間学校等の行事等がある。

一学期もしくは四月からの教育活動のまとめ・仕上げのときである。この間、どんな学校生活であったかを振り返るとともに、長期休業日に向けた自律的な生活づくりにつなげ、意欲、見通しのある取組に向けて自覚を促す講話を工夫する。

①一学期もしくは四月からの学校生活の区切りとして、これまでを振り返って学習や生活は当初の目標に迫ることができたか問いかける。できたこと・できなかったことを明らかにし夏休みの生活につなげることを期待する。各学年・学級の学習や生活の目標に向けた取組のよかったところやがんばったところなどを紹介しほめるようにする。
②夏休みは最も長い長期休業日であり、学校と違い、各家の生活のきまりや約束で行動すること、自分で自分の行動を決めること、健康や安全に気を付けることなどが求められる。これを自立・自律ということ、大きくなる、大人になるということは自分でできるようになるということ、どれだけできるか試してみることを促すようにする。
③夏休みは学校生活から家庭や地域の生活が中心となる。普段は甘えていてしていない家庭での仕事の手伝いなどを進んでやったり、家族との団欒を楽しんだりすること、地域の夏の行事等に参加すること、自然体験や社会体験などに参加することなどを奨励し、家庭・地域との関わりの広がり、深まりを大切にするように伝える。

9月

★九月…自分やみんなを大切にする自助・互助の実践・取組を推奨する

九月は長月。白露、秋分、二百十日、彼岸、十五夜。敬老の日、秋分の日、防災の日、秋の全国交通安全運動、宇宙の日、動物愛護週間などがある。始業式、防災引き渡し訓練、水泳記録会、プール納め、遠足・校外学習、運動会・体育祭などの学校行事がある。長期休業が明け二学期等が始まる。長期休業明けは登校渋りが多いことに配慮する。学校みんなで助け合い・支え合って元気に登校できるようにすることを呼びかける。秋は、各種行事が多く子どもたちは楽しみにしている。一方、学習指導充実のときである。一学期の積み上げのもと、質の高い学びをつくり出すことが期待される。子どもたちの学校生活を充実させ豊かなものとなるよう、一人ひとりの子どもを大切にする講話の工夫をする。

①二学期（二学期制は一学期後半）の始めに当たり、子どもたちに学習や生活への興味・関心や意欲がわくような話を工夫したい。運動会・体育祭や音楽会・音楽発表会、学習発表会、弁論大会等々、前回の様子を話して想起させ、今年も家の人・地域の人々とともにみんなが楽しみにしていることを伝え、期待感がもてるようにする。

②二学期等は学習の充実のときであり、学年相応の体力をつけてくるときであることから、何事にも全力で取り組むように促していく。全力を尽くしたときに初めてやっていることが身に付くこ

と、いい加減にやっているとやったことがみな身に付かず無駄になることを話して聞かせる。「努力」に関する格言や名言を活用して意識が深まるようにする。

③これまでの災害の状況や経験から自分の身を自分で守れるかを地域の防災マップなどに示されている事実を例にして問いかける。何を知っていればよいか、どのような準備が必要か、どのような行動をすればよいかなど、各教科等の防災教育に関する学習や各種訓練等をもとに考えることができるように講話を工夫する。また、家庭での取り組みや地域の人々の防災に向けた準備や体制、取組などについても知らせておく。

10月

★十月…過去・現在・未来をつなぐ

十月は神無月。甘露、霜降。体育の日、法の日、目の愛護デー、統計の日、国連の日、リサイクルの日、読書週間などがある。二学期制では終業式・始業式。中間考査、運動会・体育祭、遠足・校外学習等がある。スポーツの秋、読書の秋、実りの秋。各学年の子どもたちの姿も一回り大きくなり成長の跡が見られるようになる。一方で、自己実現できなかったり、体調を崩したりなど、個々の子どもへのいっそうの配慮が必要なときでもある。こうした配慮をしながら、楽しく、充実した学習や生活、新たな知や未来に向けた内容を取り入れて講話を工夫する。

①様々なスポーツの祭典や協議会等々のシーズンである。様々に競う姿や讃え会う姿、感動のプレイやフェアプレイなどを見聞する。これらの経験を今の生活やこれからの人生にどう生かしていくかを共に考えてみるように問いかける。

②令和の時代に入ってからの世界の大きな出来事や話題となったことを知らせ、社会、世界の話題や出来事から子どもたちの知的な興味・関心を引き立てるようにする。子どもたちが視野を広げたり、新たな世界に興味・関心をもったりするように内容を選択し、子どもに問いかけながら興味・関心を引き出すような工夫をする。

③AI（人工知能）の時代とはどのような時代か、そうした時代に私たち人間はどうなることが予想されているのか、その時代に求められている力は何かについて考えることを呼びかける。人間の仕事や働き方も変わること、遠い先のことではなく、現在、いろいろな場所、家庭にAIが入ってきていることなどから、まさに自分たちの近未来のことであることを伝え、世の中の動き、未来のあり方などに関心を持つように話題や内容を工夫する。

④読書の秋に因んで読書の意義を改めて話す。本を読むことで、昔の人々の生活、歴史、現在の様々な出来事に対する人々の考え、これからの時代がどのようになるのかについての考え方等々がわかり、視野が広がり、考えが深まるよさがあることを強調する。ふさわしいと考えるいくつかの図書を見せ、さわりを読んで紹介するのもよい。

11月 ★十一月…主体的な学び、対話的な学び、深い学びの実現を目指す

十一月は霜月。立冬、小雪。文化の日、勤労感謝の日、七五三、計量記念日、世界平和記念日などがある。遠足・校外学習、展覧会、学芸会、文化祭、音楽会・音楽祭などがある。一年で最も学びを深めることができるときである。一方で、秋の行事が重なり忙しい思いをするときでもある。教師は忙しさにかまけて子どもと向き合うことを忘れないようにするとともに、子どもたち一人ひとりが目標を見失わず、これまでの経験を生かし見通しをもって学習や生活に取り組むことができるように講話によってリードすることを心掛けたい。

①大事な学校行事が目指すものは何かについて確認したり考えたりするよう問いかける。行事は、学校生活の節目として、これまでの学習の成果を発揮するときであり、行事の取組を通して、自分やみんなの成長を確かめ合い、集団としての凝集性を高める機会とするように伝える。また、行事を通して互いの力を出し合い、協働しワンチームとなって目指すものを作り上げるよう励ますとともに大いに期待していることを伝える。

②学習で大切なことは、目標や課題をしっかりと自分のものにし、自分の頭で考え判断し表現すること、その考えを友達と対話したり話し合ったりするなどして、考えを広げたり深めたりすること、

さらには、それを学習や生活に生かしたり実際にやってみたりすること。すなわち知識・技能を身に付け、それを活用して課題を解決し、さらに新たな問題を探究する、学ぶとはそうして自分を高めていくことであることを伝えチャレンジすることを促し期待する。

③キャリアノートの取組を四月から行っている。自分のもっているよさは何か、得意なことは何か、今がんばりたいことは何か、自分の取り組み方はこれでよいかなどの振り返りなどを通して、よりよい自分をつくっていくよう期待する。何よりも大切にしてほしいことは、今やりたいこと、やっていることに全力を傾けることの大切さについて例を挙げて伝え、希望や意欲が高まるようにする。

12月 ★十二月…伝統と文化を守り、つなげ、創る

十二月は師走。大雪、冬至。御用納め、大晦日、除夜の鐘、国際障害者デー・障害者週間、人権週間、世界人権デー、歳末助け合い運動などがある。終業式、期末考査、学期末の保護者会などの行事がある。学期末、年末であり、これまでの学習や生活の仕上げやまとめをするときである。キャリアノート等を活用しながら四月以来の学習や生活を振り返り自分の成長、学級・学年の成長の姿を具体的に確認させたい。年末・年始は、我が国固有の伝統や文化に触れる機会が多い。こうした機会が減っている子どもたちの認識を深める機会となるように導きたい。

①年末・年始の行事にはどのようなものがあるか、いくつ知っているかなどを問い掛け、各行事の意味について知らせ、昔からの伝統や文化が受け継がれていること、日本人が大切にして守ってきた心などについて考え、理解を深めたり視野を広げたりすることができるようにする。事前に校長室前の壁面等に写真等を掲示して「いくつ知っていますか」などと問い掛けておいたり、当日、映像で流したりなどの工夫をして、実際に目にして考えられるようにする。

②二学期や四月からの学校生活、学習や生活の振り返りをして、自分や自分たちは何ができるようになったか、進歩したことは何かなどを確認する。そのことにより自己肯定感が高まり、これからの学習や生活への意欲が高まるようにする。子どもたちの振り返りの作文等を例に挙げ、触れている事柄について一緒に具体的に考えられるようにする。

③世界人権デー、人権週間の意味・意義について知らせ、具体的な例で人権を考えるようにする。今日、残念ながら人権課題は山積である。学校、地域の実態を踏まえ、子どもたちに身近な人権課題について、起きている事実について差別や偏見があることに気付くようにし、それにどう考え立ち向かっていくべきかをみんなで話し合い、自分やみんなを大切にする学校づくり、クラスづくりを進めていくよう呼びかける。具体的に、道徳や学級活動等々の時間で どのようなことが学習できるかを提案して自分たちで取り組むように促す。

1月 ★一月…清新な気分で先を見通す生活づくり

一月は睦月。小寒、大寒、初詣、初夢、御用始め、七草、鏡開き。元日、成人の日、阪神・淡路大震災記念日など。学校行事では始業式、書き初め・書き初め展などがある。これからの令和の時代に社会が何を期待しているか、何を求めているかなどを著名人の年頭所感や新聞の社説などから把握し、そうした時代の空気や背景を子どもたちに理解できる範囲で伝え、それを受け止めながら自分たちのこれからの学校生活を考えていくことも大切であることを伝えたい。

①昔から「一年の計は元旦にあり」というように、一年の始まりにあたっての抱負は何かを問う。各学年の代表の例を挙げるなどしてその意義を一緒に考えるようにする。その気持ちを書き初めにつなげていくことも大切であることを話す。校長、教師も一緒に抱負を述べ合うことも試みたい。みんなで清新な気分で出発できるようにする。

②三学期（二学期制は二学期後半）は一年の最後の学期で学年の総仕上げ・総まとめの学期という位置付けであることを確認する。大事な学期であるが、期間は他の学期よりはるかに短い。それだけに一日一日を大切にする、限りある時間を大切かつ有効に使うことを意識して生活することを促す。時間に関する諺や格言なども活用したい。

③入学試験のシーズン。小学生は一部の児童が経験するものだが本人にとっては大切なとき。周囲

が優しく見守る配慮をする、本人は周囲に甘えないなどの心構えで取り組むこと。中学生には入試の意義を再確認し、力を尽くせるよう心身ともに準備することを促すようにする。人生の大きな節目であり、皆で励まし支えあってよき一歩となるように願いを伝える。

④インフルエンザの流行の季節本番。健康に留意すること、免疫力を高めることの大切さ、そのための食事、睡眠の重視など、基本的なことが改めて大切であることを伝え、自分の健康は自分で守る・つくることが第一であり、日々の心掛けを促すようにする。とくに、□の健康の重要性をしっかりと伝えるようにする。

2月

★二月…一年の目標の再確認と総まとめ・総仕上げの意識化を図る

二月は如月。立春、雨水、節分・豆まき、初午。建国記念の日、天皇誕生日。「一月は行く、二月は逃げる、三月は去る」と言われるように、この三か月はアッと言う間に過ぎていく期間である。したがって、冬季、春季休業日に挟まれているこの二月を有効に意義あるように学校生活づくりをすることが大切となる。この意識を子どもだけでなく講話を通じて教職員にも深く認識させ、二月の学校生活が充実するように講話を工夫したい。ここに至るまで目指してきた諸目標を改めて確認し、取組はどうだったか振り返るよう問いかける。

①二月は期間が少し短いが、大きな行事がなく比較的安定した学校生活を送ることができる。改めて学習や生活の目標を確認させる。学年として、四月に打ち立てた目標の実現状況について評価したり確認したりしながら、総まとめ総仕上げに向かうよう促す。

②学校生活において、自分のことだけでなく、委員会やクラブ活動、部活動などにおいて、学校やみんなのために力を尽くすことができたか、役に立つことができたかを振り返らせる。学校生活の充実や向上に貢献した委員会などの具体的な働きの姿、それにより充実・向上した具体的な事例を示して、みんなで認め合い感謝し合うようにする。

③保護者や地域の人々から学校評価のアンケートなどを得ている。これらから子どもたちの学習や生活についてよかったところや改善すべきところについての結果を知らせ、子どもたちもそれをもとに自分たちとしてはどうだったか振り返るように促す。小学校高学年や中学生は地域のボランティアなどの社会的な活動に参加できたかなどについても振り返るようにさせ、地域の一員であることの自覚が高まるようにする。

④障害のある人や外国の人などとの関わりが持てたか、交流できたか、学び合うことができたかなどについて振り返り、これからの関わり方や取り組み方を話し合い実践につなげていくことを期待していることを伝える。

3月 ★三月…年間の総まとめ・総仕上げから新年度へ大ジャンプ

三月は弥生。啓蟄、春分、雛祭り、耳の日、彼岸。消防記念日、国際女性デー、放送記念日、春の全国火災予防週間など。修了式、卒業式、卒業生を送る会、年度末の保護者会など。いよいよ最後の月、一年間の総まとめ、総仕上げのときである。何ができて、何を次の学年・学校につなげるかを明らかにし、自らの成長を確認する。学校が年度当初に目指した楽しく充実した学校等になったか、掲げた目標が実現したかを確かめ合う。学びや活動の成果をさらに発展するように次につなぎ、新たな伝統や文化づくりを目指していくように促し全校での取組に期待を込める。一人ひとりの子どもが楽しい学校づくりの主役となったことを確認する。

①一年を振り返り、総まとめ、総仕上げをするときである。最高学年は卒業式が総仕上げのとき。これまでの小学校六年間、中学校三年間（義務教育終了）の総仕上げの姿を卒業式の晴れの姿で示すように期待していることを伝える。他の各学年の子どもは、一人ひとりが学年出発の四月に立てた自分の目標を振り返って、どのような一年だったかを明らかにし、成果や課題を次の学年にどうつなげていくかを考えておくように促す。

②引き継ぐことの大切さを話す。代表委員会・生徒会、委員会活動、クラブ活動、部活動などや、鼓笛行進などの学校の伝統・文化となっている活動を先輩から後輩にしっかりとつなぐよう促す。

自分たちが何を大切にしてきたか、何を受け継いでほしいかをそれぞれの活動の場において全員で伝え合ったり話し合ったりしてつなげていくように促す。

③三月は別れのときでもある。卒業生が進学し学校を去る。これまでの最高学年としての働きを挙げ、それに全校で感謝の意を表すようにする。共に学び、共に生活した学級の友達、お世話になった先生や職員の人々、そして支え見守って下さった保護者や地域の人々、すべての人々に「ありがとうございました」と校長の音頭のもとに斉唱し、感謝の気持ちを全員で共有して終わるようにする。

（注）本章「4　各月ごとの講話等の要点」は「『令和時代の校長講話66例実例』教育開発研究所二〇二〇年二月」に掲載の「〇月の校長講話の視点」を加除修正したものである。

第5章 学校の危機管理

■近年、災害は忘れないうちにやってくる。危機管理は日常のことと言ってもよい。しかし、何か起きやしないか、起きないようにしなくてはと心配ばかりしていたら、教育活動は滞ってしまう。発生する危機をどのように予知し的確・適切に対処・対応すればよいか。どうすれば備えを万全にすることができるだろうか。

1　安全・安心、笑顔と活気のあふれる学校

学校はあたりまえのように存在し、教育課程に基づく教育活動やそれを支える学校運営は日々、毎時、止まることなく動き進行している。学校が子どもたちにとって安全・安心で健康な生活が送れる場所であり、笑顔一杯で、活気にあふれている状況にあることはあたりまえのことと受け止められているが、それを維持するためにはそれ相応の危機管理マネジメントが必要である。

（1）危機管理の大前提

学校の危機管理マネジメントを行う場合、危機を恐れるあまり危機を起こさないようにする管理に偏ると、逆に教育活動や学校運営の適正な遂行を阻害することになりかねない。本来の学校の危機マネジメントは教育活動・学校運営の円滑かつ充実した推進を支えるものであることを忘れてはならない。それでも危機が突然に生じることがまれにある。油断大敵である。日常的な危機管理、突然襲ってくる危機の管理、どちらも視野に入れて危機管理マネジメントを進めるのが校長の責務である。そのためにはまずは以下のような危機管理の大前提を踏まえるようにしたい。

○教育課程に基づく教育活動とそれを支える学校運営の望ましい状況、健全な状況、目標実現の状況について、学んでいる子どもの姿や教育活動に邁進する教職員の姿など学校全体が好ましい状況で動いている姿を俯瞰してイメージしておく。

○危機管理の各視点について予防策を講じるとともに、危機の発生・遭遇時、発生・遭遇後の対応や処理が適宜迅速に行われるように講じておく。

○危機管理の原点は「自分の身は自分で守る」ことであるが、同時に組織としての対応が重要であることを教職員一同が共通理解し、自らの組織としての役割分担を各自自覚している。

○「危機管理マニュアル」を作成し、それをもとに定期的に研修や演習を実施し、危機の未然防止、危機発生時の組織的な対応、危機後の教育活動や危機管理マニュアルの見直しなどを確実に行うようにする。

○教育目標の実現に向けた教育課程、これを支える学校運営の円滑かつ効果的な実施に日々努めることが危機管理の第一歩であることを認識し共通理解する。さらに、教育目標の実現過程における問題状況の予測と未然防止、危機発生時の迅速かつ的確な対応、適切な事後処理、今後の予防対策への反映が基本であることを共通理解する。

（2）危機管理の法則（ハインリッヒの法則）の確認と実践

危機管理には有名な「ハインリッヒの危機管理の法則」がある。「重大な事故（死・重傷）：軽い事故（軽少）：事故にはならないがヒヤリ・ハット＝一：二九：三〇〇」という法則である。「事故にはならないがヒヤリ・ハット＝三〇〇」ということは毎日起こっているということである。すなわち、日々、ヒヤリ・ハットする、「あれっ、おやっ」と違和感を感じるような事象を見逃さずそれらの情報を報告・連絡・相談するなどして共有し、対応・対策・改善を速やかに行うように努めることが危機を芽のうちに摘み取ることになる。

そのためには、教職員が計画的・組織的な研修や演習を通してアンテナを高くし磨いておくこと、保健室の状況や対応に注意すること、子どもの学習・生活の姿や声の観察を欠かさないこと、学校外の地域や保護者の声や連絡・相談などをよく聴くようにし、それらの情報を共有し学校全体のものにすることを大切にする。

（3）危機管理マニュアルと想定演習

学校においても危機は突然襲ってくる。大地震や台風・暴風雨、不審者や暴漢の侵入等々に備えて学校では危機管理マニュアルを作成しこれに基づいて危機の予防、危機対応、危機後の回復やマニュアル更新に向けた取組等を実施する。

○危機管理マニュアルは最低の基準であり基礎・基本である。第一の目的は子どもの命を守ること、子どもの安全・安心を確保することであることを肝に銘じておく。危機管理マニュアルを確実に理解し身に付ける。危機の事象に遭遇した際には、それに沿って臨機応変な対応・行動が必要になろう。基本に沿ってまずは行動することである。そのためにも、危機管理マニュアルは手元に置き、折々に目を通し、研修の際には真剣に取り組むようにする。

○危機発生の際には、学校組織の中で自分の役割は何か、何をするのか、どう動くのかを判断する。想定演習の際に以下を真剣に考え心と体の準備をしておく。

・組織的に行動できるか、他の教職員とどのように連携・協働するか判断し行動する。

・想定外のことが起こりうる、何が起こったかわからない、〝演習で想定した以外のこと！〟↓落ち着いてどこに、誰に連絡するか、校長・副校長はどこにいるかを考える。危機の際には本部が立ち上げられ、校長は本部（校長室又は職員室の校長席等）で情報収集し対応を副校長、主幹・主任に指示を出す。この組織的対応をイメージしておき、自分の役割を確認し、適切・的確な対応に努める。

○危機管理マニュアルは作ったところが始まりであり、年間の危機管理の実態や状況、実際や演習の成果や課題を振り返り評価して、より確かなマニュアルに書き直していくようにする。

2　危機管理の視点と事例などに学ぶ

学校の教育活動や学校運営のどんなところに危機の芽があるのか、危機が発生する可能性があるのかをあらかじめ知っておくことは「ヒヤリ・ハット」や「あれっ・おやっ」と危機に気付く上で必要である。以下は学校の危機管理の各視点の本来の在り様と危機の事例及び対策例である。

①教育課程――完全な実施、授業時数確保、教材（教科書）の適切な扱い

〈事例〉各教科等の授業の未実施や実施時数の偏り、教科書の不使用、自習の時数の大幅増、未実施の市販テスト、漢字・計算指導への偏り　等々

【対策】週案の点検、授業観察、学校行事等の教育活動の観察、諸調査の結果の考察など

②安全――事故のない安全で安心のある生活の確保

〈事例〉校内での接触事故、転倒や落下、体育や理科、家庭科・技術家庭、図画工作・美術等での負傷事故、台風・暴風雨・地震・火事などの自然災害の発生、交通事故　等々

【対策】日常の見回り、定期点検、情報収集、報告・連絡・相談の徹底、外部の情報（ハザードマップ等）、警察・消防等関係機関との連携　等々

③保健――健康で元気な生活の向上

〈事例〉感染症、熱中症、ノロウイルス等食中毒、アタマジラミ、ハチやダニ等

【対策】保健室・養護教諭の情報、担任等の情報、家庭・地域の情報、外部の情報等の収集。収集した情報を基にして対応策の判断。状況・実態に応じ、法規に基づいて対応。嘔吐したものの適切な処理の仕方の研修、校医への報告・相談と連係、教育委員会への報告及び指導助言。保護者・地域への説明。

④学級・学年経営――協力・協働で目標実現に向かう経営の推進

〈事例〉学級経営…授業崩壊、担任と子どもの人間関係不和、子ども同士の人間関係、いじめ、不登校、指導力不足、保護者からの苦情や意見。

【対策】担任を一人にせず、学年や学校全体で対応。管理職が責任をもって対応をリードする。週案、授業観察、教育活動観察を通した指導助言、子どもの話の傾聴　等々

〈事例〉学年経営…学年の担任間の不和や非協力、担任間の経験・力量の格差。

【対策】管理職が担任間の話合いの場を作り、話を傾聴しながら互いの思いや考えを理解し受け止められるように粘りづよく対話を深め一致点や協力し合う点を見出していくように努める。経験・力量の差を生かすようにし、教科担任制を取り入れたり交換授業を行ったりして、子どもにとって良い結果が生み出せるようにする。

⑤学校運営――教育課程を円滑かつ効果的に実施できる組織的でマネジメントのある運営

〈事例〉校務分掌事務に一部滞りが生じたり、分掌事務の締め切りに間に合わなかったりしているが、それが当たり前になっている。

【対策】校務分掌事務の遂行状況、諸会議等の運営状況、渉外関係での外部との折衝の様子などを観察し、齟齬が生じているようであれば即座に管理職が指導する。全体に「学校運営は教育課程の円滑実施を支える重要な職務であること」「ひいては子どもに損害をおよぼすこと」を伝え、職務遂行を適切・的確に行うよう指導する。

⑥施設・設備——教育課程の確実かつ効果的な実施、安全な施設・設備の運営・管理

〈事例〉教室、特別教室、体育館、校庭、門扉や塀等々の諸施設・設備に破損個所やひび割れ、機能不全などが生じている。鉄棒やサッカーゴール、遊具施設等の破損や不具合によるケガや死亡事故の発生。

【対策】安全点検、活用点検などを定期的に行い少しでもおかしいと感じたら業者に点検してもらったり、教育委員会に連絡したりする。子どもたちの使用は安全が確認されるまで禁止する。

⑦情報——迅速かつ的確な情報の発信や収集・活用・管理のできる体制、情報環境の整備

〈事例〉USBメモリーの紛失、子どもの個人情報の流失、個人情報の放置　等々

【対策】個人情報保護条例等の規則、校内の決まりの周知徹底。情報の守秘義務、管理体制、管理場所、管理点検等学校の情報管理マニュアルの確立。

⑧予算・会計——学校経営ビジョンの実現、教育課程や学校運営を効果的に推進できる予算編成と

執行及びその会計管理

〈事例〉給食の献立の乏しさから担当者の着服に気付く。家庭からの集金の使い込み。事務室での使い込み。予算を執行せずに年度末に慌てて執行。

【対策】予算執行状況の定期的な点検・確認、監査の実施　など。

⑨保護者・地域――保護者・地域住民との協力・連携と信頼の確立

〈事例〉学校の教育活動への苦情。担任教師や専科教師の指導への疑問や苦情。評価や成績への不信、苦情。

【対策】学校の教育課程の重点や方針、指導の重点や評価の考え方、実施の仕方等の説明を丁寧に行う。疑義や質問に丁寧に答える。学校通信や学校のホームページ等で学校の様子や説明を具体的に伝える。

⑩教職員の服務――教育活動、校務の遂行等を通して充実感、やりがい感を享受、教職に誇りと自信をもっている　など

〈事例〉飲酒運転による交通事故、のぞきや盗撮、未成年者との淫行、同僚や保護者との不倫行為、ＳＮＳを利用して援助交際を誘発、セクシャルハラスメントと認められる言動を繰り返すなどの信用失墜行為。

【対策】教職員との日常的なコミュニケーションを大切にする。日頃の職務行動・言動、職場での人間関係等を観察し気になることがあれば声をかける。何かあればすぐに相談に乗る。信用失墜行為に関する事例を基に研修し、信用失墜行為の禁止という服務義務は勤務時間の内外を問わず

地方公務員としての身分を有する限り適用されること等の自覚を高める。

⑪教職員の健康管理（メンタルヘルス）――健康な状態で、笑顔、明るく元気、職務に充実感・やりがい感を感じ自己実現している

〈事例〉やる気・意欲を失っている。笑顔がない。無口になった。休みがちになった。急に泣き出す。書類の提出期限が守られなくなった。

【対策】相談体制を組んで親しい教員や養護教諭などや当人が希望する教員等が相談する。メンタルヘルス不調の背景を探り、当人のセルフケア、相談体制でのケア、主幹事ラインによるケア、業務の縮減等、相談体制の維持・充実、良好な職場環境・雰囲気の醸成に努める。当人の問題としてではなく職場全体の環境・雰囲気づくりの問題として全員で取り組むよう校長がリードする。

3　毎月の危機管理…危機は突然にやってくる

学校の危機管理、危機マネジメントは、副校長・教頭時代にも経験してきたことであろうが、校長は危機管理・マネジメントにおいて最後の判断、時に決断をしなくてはならない。各月ごとに予想される危機の予防、危機発生の際の対応などにどのように備えておくか、前節及びこれまでの経験を基に参考例としてポイントを示す。

4月　◆四月…システムの把握と危機の想定をしているか

年度当初は転入した教師を交えた新しい教職員組織で動きだす。新任校長は計画されている教育活動を見守りながら円滑な実施を願う。また、学校内外での儀式や行事への出席、式辞や講話、祝辞などが続き、諸会議も多く計画されている。そんな年度当初の忙しさの中で思いもよらぬ事故や事件、問題などや、それらにつながりかねない危機の種に遭遇することもある。例えば、以下のような事例が見られる。

子どもに関係することでは、「入学式に入学予定の子どもが来ていない」「入学者の名簿に我が子の名前が載っていないと保護者から指摘」「始業式当日の朝、子どもが交通事故に遇ったとの一報」「年度末に急な転出者が出て学級減になりそう」等々。教職員に関係することでは「異動してきた教員が学校に馴染めずに休み始めた」「新しい学級の子どもたちと人間関係がうまくいかず学級が落ちつかなくなってきた」「学年内の教員の人間関係がうまくいかずもめごとが多くなってきた」等々。保護者に関係することでは、「新年度の学級担任に対する不満。担任を変えるか別のクラスに移すかをしてくれとの申し入れ」「かつてもめごとのあった保護者同士が同じクラスになった」等々。ＩＣＴ関係では配布したタブレットの不具合、校内のＩＣＴ環境の不全などが生じている　等々。

これらはいずれも迅速に対応を判断し、子どもにとってよりよい解決を目指さなくてはならない。校長は新年度の出発に当たり、学校の教育課程や教育計画、運営計画を把握するとともに、学校の危機マネジメントの計画や組織、危機の際の連絡先や連携先などを確認し把握しておくようにする。これらについては、副校長・教頭、教務主任、生徒指導主任、養護教諭とのネットワークづくりをしてそれぞれの役割を確認しておく。又、新任でわからないところは当面各人に任せて、相互の連絡・連携を密にしておくようにする。

5月 ◆五月…プロブレムファーストを共通理解しているか

ハインリッヒの危機管理の法則では、重大な事故、軽微な事故、事故には至らないがヒヤリとしたりハッとするような事例の割合が、「一：二九：三〇〇」になる。この三〇〇の事例をしっかりと認識して対応することが軽少事故、重大事故を防ぐことになるという。学校という学習、生活の場においても様々な事故が発生している。日頃の学校生活の観察で「あれっ」「おやっ」などと違和感や変化を感じたとき、気になったときに、後回しにしないで管理職や担当者に速やかに報告や連絡をすることを確認する。よく聞く「プロブレムファースト」を学校組織として徹底することが事故を未然に防ぐことになる。年度当初はこのことを全教職員に伝えて徹底するよう求めるようにする。この時期、子どもや教員のメンタル面での注意や配慮を十分に行うようにしたい。

四月を振り返ってみて、どのような事故や課題が報告・連絡されていたか、日直日誌、週の指導計画、保健日誌などから事故等の実態・状況を確認するとともに、各担当者から直接話を聞き取る。養護教諭から欠席児童生徒の状況、負傷や病気等での来室状況、家庭との連絡状況等、生徒指導主任から学校生活での課題や問題発生状況等、相談室等のスクールカウンセラー等から来室状況や相談状況等、事務室・主事室等の主事からは教師の見ていないところ、施設・設備で気になったところ等を聴取する。報告や連絡がきちんと入っていただろうか。知らなかったことはなかったか。これらの確認の上、プロブレムファーストを徹底し素早い対応をすることで事故等を未然に防ぐことに努めようと声かけし、あらためて全教職員に徹底を求める。

五月から六月にかけては運動会が計画されている学校もあろう。感染症対策や、課題となっている組体操の内容や取り組み方などについて教育委員会とも連携し、どのように実施するか、保護者や地域等の意見も聞いて判断し、結論について説明をきちんと行うようにする。

6月 ◆六月…メンタルヘルスへの配慮は万全か

一学期の中盤になり、学期の指導が一番落ち着き充実するときである。それだけに気になる学級、教師、子どもが目につきはじめるときでもある。また、健康診断の結果が出てくるときでもあり、その結果への対応も早急に取り組むことも必要である。

危機マネジメント、まずは、学校全体の状況を高いところから俯瞰して見てみよう。育てる子どもの姿の実現に向かって、学校経営の方針にそって学校全体として教育活動が展開しているか。あちらこちらで齟齬が起きていないか。全体の状況を把握することが第一である。次に、学年や学級の学習・生活で気になるところや目につくところがないかを把握する。さらには、一人ひとりの子どもに課題はないか、特に、障害のある子ども、海外から帰国した子ども、ＬＧＢＴＱの子どもなど、特別な配慮を必要とする子どもが困っていたり、悩んでいたりしていることはないかを把握する。学校の健康管理体制、保健計画、保健指導を視点にして学校全体を見下ろし、見渡し、見回し、見つめることである。

いじめ問題については、定期的にアンケート調査等を実施したりするなどしているので比較的早期に発見し指導に当たり解決することが多い。それでも時々に重大事件が発生する。決して甘くみないで、常に細心の注意や配慮をもった学校体制で臨むようにする。また、日ごろの人間尊重の精神に立った人権教育の視点を確認し合うようにする。

不登校については、そのきっかけや背景が見えにくいことから、時間が経過して指導や援助が後手に回ることが多い。特に、家庭の貧困問題や虐待などがからむこともあるので、気になることがあれば速やかに管理職に連絡・報告するよう常に確認する。その上で、関係機関とも連携し、校内の体制でチームを組み、学校としての指導・援助に当たるようにする。こうした場合、時間管理が自分でできる校長が一番動きやすいことから、そのメリットを活かしてチームが機能するよう自ら率先して動くよう工夫する。

教師のメンタルヘルスも十分に配慮する必要があるのがこの時期である。挨拶、顔色、動き、提出物、出退勤などの状況から、ちょっと疲れているかな、様子が変だなと感じたらすぐに声をかけ、副校長・教頭や学年教諭、養護教諭などと一緒に話を聞くようにする。問題や悩みなどをよく聴くようにして一緒に解決策を考え講じるようにする。いずれにしても、早め早めの対応が肝心である。場合によっては「十日の病休より一日の骨休み」で気分転換させることも必要である。その場合、学校体制を整えあとの心配をしなくてもよいように手配や配慮を万全にする。

7月 ◆七月…ヌケ・モレ・見逃しはないか

学校評価・自己評価の一学期（四月から七月）までの形成的評価からこれまでの教育・指導の成果を明らかにするとともに、課題となっていることを見出しきちんと把握することが必要である。そのままにしておくと後日危機的状況となって取り返しがつかないことなどになりかねない。そうならないよう、アレっ、オヤっという時点で対応することをリードしよう。

第一に教育課程の管理である。指導計画に位置付けられている授業が計画通りに実施されているか。道徳科の授業は毎週実施されているか。書写の時間、体育の保健の時間、学級活動等々は授業時数が少ない中でともすると実施されていないことを見逃しがちである。一方で、実施はされているが、総合的な学習の時間のようにはアクティブ・ラーニングによる本来の指導が行われていないという質の問題もある。見逃してはならない問題である。

第二に健康・安全の管理である。健康診断が全て終わっているか、その結果についての処理や対応が確実に行われているか。家庭に通知すべき事項が行き渡っているか。また、虫歯の状況や体の異変などから虐待などが疑われる状況が報告されているか。欠席が続いたり増えたりしている子どもについての報告や対応が組織的に行われているか等々である。感染症対策の状況で課題はないか。改善すべき点はないかを明らかにし今後の対応策を講じておく。

第三に学期末に会計処理が確実に行われているか。各学級・学年等の私費会計、給食会計、事務関係の会計など、とかく担当者に任せきりになりがちであるが、この機会にきちんと報告させ決裁や確認をしておくことであり、それがお互いのためでもある。

第四に夏季休業中の水泳指導、健康指導、安全指導が事前に計画どおりに行われているか。水泳指導は事前研修で事故対応や救急救命の研修。健康指導では特に感染症対策、熱中症への注意の指導やノロウィルス等への注意等の指導について周知の研修と子どもへの指導、保護者への啓発。安全指導では「いかのおすし」などの行動を体験的に行う指導など、子どもへの注意喚起を徹底する。

他にも多々あるが、校長は最後の砦である。ここで見逃してしまうと取り返しのつかないことになる。心して砦の役目を厳しく果たし子どもや教職員を守るようにしよう。

8月 ◆八月…危機予防の取組は万全か

長期休業が終了すると、多くの子どもたちは学校の再開に期待や希望をもち明るく元気な顔をして登校してくる。しかし、一部には、登校をしぶったりいやがったりする子どもがいる。中には、自死を選ぼうとしている子どももがいるかもしれない。それぞれの理由や背景は多様であろう。学校・教師は子どもたちの期待や希望に応える準備をするとともに、こうした課題を抱えている子どもたちを想定し対応をどうするかについても考えておくことが必要である。どの学級にも気になる子どもがいるのが今日の学校の実態である。こうした子どもたちについては、一学期の生徒指導会議等で指導上の課題、その理由や背景等について全教職員が情報を共有し組織的に対応することが確認されていよう。この記録や対応策等をここで再確認し、各担任が子どもの実態に応じて休業中の状況や実態、変化などを把握することに努め、生徒指導部・主任や管理職に状況を連絡・報告するようにする。場合によっては、休業中に対策や対応を組織として考え練っておくようにし、休業中の職員会議等で全教職員が共有し学校再開に備えるようにする。

新任校長は、休業期間を利用して危機管理に関する地域等とのネットワークと各機関等のキーマンの確認や情報交換を自ら行っておくようにする。学校の教育計画・運営計画等には危機対応の手順や組織表、ネットワークなどが示されている。これらについて実際に各関係機関に出向いて、直接関係者（キーマン）と面接し情報交換する。ねらいは学校が計画している危機対応が現実に機能するか、抜けや漏れがないかなどを確認することである。関係する相手の状況やキーマンの顔が見えることも重要である。主な関係機関等として、教育委員会の諸所管、警察・交番、消防署、消防団、保健所、医療機関等や、主任児童委員、健全育成委員、保護司等々である。こうした機関、人々とのネットワークや関係を強化し迅速に危機対応できるようにしておく。

9月 ◆九月…いじめ、不登校等の危機対応の原則が共通理解されているか

九月当初は子どもの自殺が多くなる時期でもある。不登校が始まる可能性も高い。そうした危機の視点をしっかりと持って学期はじめに臨みたい。事故や事件、トラブル等の危機は突然にやってくることがほとんどである。そんな危機の発生を想定し校長としてどのように対応するか、自らの危機対応の原則や校内外のシステムを確認しておこう。いくつかの例を紹介する。

○危機対応・解決に際して「子どもにとってよいことをする」ことを第一に据える。教師や保護者・地域住民の都合から子どもを忘れると後でとんでもないことになりかねない。常に対応や解決が子どものためになることを第一にして深慮し取り組むようにする。
○対応策を一つに決めないで、いくつかを想定してみる。例えば、最善の策、次善の策、望ましくないがやむを得ない策などが想定されよう。諸事情から最善策をとれないこともある。望ましくない策が求められることもある。いずれにしても一つの策だけではなくいくつかを想定して対応を考えるようにする。最終判断は校長であり、時に決断しなくてはならないこともある。優柔不断や独断・専断にならないよう注意する。
○対応策を判断・決断したら、解決に向けての道筋、見通しを想定する。何を、いつまでに行うのか、解決にどれくらいの日数がかかりそうか、事故やトラブルの内容から判断しておおよその工程表を想定しておく。また、すべての対応を可能な限り迅速に進めるようにする。危機には相手のあることが多い。相手の意思や要求などを踏まえた速やかな対応が誠意を示すことになり解決を早めることが多い。
○危機対応は校長が一人ではやらない。もちろん教員一人にさせてはならない。対応チームを編成したり全教職員で一致団結して対応したりなど、組織的に対応する。事実や情報を共有し、誰が何をするかを明確にし、互いに連絡・報告し合い、最終判断を校長が責任をもって行うようにする。

その際、新任校長は特に危機対応について先輩に相談したり教育委員会に助言を求めたりすることも常に視野に入れておくようにする。

10月

◆十月…苦情・難題対応の基本を踏まえているか

学校には多種多彩な苦情や意見が寄せられる。時に無理難題を押しつけられることもあり、鬼のような顔をして睨み付けられたり怒鳴りつけられたりすることもあろう。そんな時でも頭はクールにして対応する必要がある。一緒になって興奮し、売り言葉に買い言葉で応じたり、一時の感情で言わずもがなの言葉を発してしまったりして、取り返しのつかないことになることは避けなくてはならない。そのため、いくつかの状況を想定しておこう。

○まず大切にすることは、どのような問題であっても相手の話を「受け止める」ことである。話をよく聞いて主訴の内容を具体的に把握する。初めにボタンを掛け違えると、後々まで解決が長引き苦労することになる。できれば副校長や主幹・主任を同席させ一緒に聞きながら記録を取らせるようにし、それをもとに主訴の内容を確認し合うようにする。

○次に、主訴が理解できたら、これにどう対応するかを判断する。概ね三つ考えられる。一つは「受け入れる」こと。二つは「受け流す」こと。三つは「跳ね返す」ことである。「受け入れる」ことは、訴えの内容が妥当・正当と判断できる場合である。学校としてきちんと調べ責任をもって対応することを約束する。「受け流す」とは、訴えを聞いてもらえば気が済み取り立てて具体的な対応を求めてはいない場合である。ご意見を頂いたことに丁寧に感謝の意を伝え、学校としてはその後の参考にする。「跳ね返す」とは、意見・訴えが妥当性や正当性を欠いている、理不尽な要望であると判断する場合である。その場合跳ね返す根拠を明確にすることが必要である。場合によっては教育委員会等の関係機関とも連携することが必要となる。この判断・決断を迅速かつ的確に行うのが校長である。無理難題を投げかける人々の多くは過去、学校・教師に対するよい思い出がない。むしろ嫌な思い出や憎しみを抱くような経験をしていることも多く、学校・教師に対して寛容ではない。頭のどこかに入れておくことが必要である。

11月

◆十一月…自分の身は自分で守る力をつけているか

危機マネジメントについて、校長のリーダーシップのもと、危機の回避や危機への対応についてマネジメントすべきことを取り上げてきた。もう一つ、子どもの側からの危機マネジメントの取組が必要である。つまり、安全教育や防災教育の視点からの子どもの育成である。子ども一人ひとりが「自分の身は自分で守る」のがまずは原点である。そのための教育として知識・理解、能力や態度が生活科、社会科、理科、体育科、保健・体育科、家庭科、技術・家庭科、道徳、特別活動、総合的な学習の時間などに位置付けられている。これらをカリキュラム・マネジメントの視点で意図的、計画的、組織的に育むことが求められている。安全教育や防災教育の全体計画を作成し、これに基づいて各教科等の指導内容を横断的、関連的に指導計画に位置付け、体験的な学習や問題解決的な学習の指導を積み上げ、その充実を目指すようにする。

子どもたち自身にもマネジメントさせたい。以下はその例である。

○自らの生活や行動を安全や防災の視点にいくつかの課題を設定し、日ごろの学校生活や家庭生活での行動を振り返り、生活や行動の仕方の問題を解決し正していくようにする。

○安全点検は教職員が毎月実施しているが、子どもたちにもその意識を持たせるようにする。清掃当番等で担当する教室や施設等の床や壁、廊下等の安全確認や異常の有無などを点検日に合わせて子ども自身も行う。問題を発見したらすぐに担当教員に連絡する。

○避難訓練では、代表委員会や生徒会の役員が訓練の様子を観察し評価して、成果や課題を話し合い、より適切な避難訓練のあり方や行動について全校に提言する。

○避難訓練がいい加減であれば、校長が一喝してやり直しを命じ、どうすればよかったかを子どもたちに考えさせ、再度、計画してやり直しに取り組むようにする。

安全・防災について子ども自らが目標を立て、取り組み方を考え実践し振り返って、さらに身の守り方を確実なものにしていく。すなわちマネジメント力を高めることである。

12月 ◆十二月…危機管理の総括的評価及び冬季の健康上の危機管理が行われているか

十二月は師走と言われるように学期末の成績処理や年末の学校評価、事務処理などで校内はあわただしい状況にあることから、教員はとかく子どもから目が離れがちになりやすい。教員のそんな姿は子どもにも伝わるのか、ケガなどの事故や子ども同士の諍いやいじめなどが生じやすい。校長は学校全体が落ち着いて生活できるよう全校朝会で子どもたちに呼びかけ、教職員には子どもも第一に考え職務を遂行するよう指導助言する。

○十二月は学校評価の総括的評価を行う。危機管理マネジメントについても四月からの取組についての学校評価を行い、危機の芽の発見、未然防止、危機の回避、危機発生の際の対応、組織的な対応、事後の危機管理の見直しなどの観点から評価し、改善事項を明らかにし危機管理マニュアルの更新を確認する。

○冬季休業日を挟んで、新型ウィルス感染症やインフルエンザ等々が多発する時期である。感染症の情報を的確に収集し、家庭や地域と連携協力して対策・対応に取り組むようにする。

○冬季休業中は年末年始等の生活で基本的な生活習慣が乱れやすいときである。金銭問題、スマホ等やSNSに関わる問題など生徒指導上の問題発生をくい止めるよう事前指導を徹底する。学校通信、ホームページ、学年通信、保健通信などで家庭や地域に知らせるとともに、全校朝会や学級活動の指導等で全校一斉の共通指導を行い、徹底を図るようにする。
○子どもの評価、成績に関する問題や不信が生じないように教員への指導を徹底する。評価の考え方、評価の方法などについての学校の約束事を確認し、保護者にも丁寧に説明して不信を抱かれないようにする。
○教育課程の実施状況、各教科等の実施した授業時数を確認し、教育課程実施に抜けや漏れ、遅れが生じていないかを確認する。万が一生じている場合は早急に対応策を講じて、子どもに損害が生じないようにする。保護者への説明責任を果たすとともに、教育委員会に報告し指導助言を仰ぎ対応する。

1・2月

◆一月・二月…三学期全体を見通して危機管理マネジメントを行っているか

三学期（二学期制は二学期後半）は他の学期と違い、一月が十七日程度、二月が十八日程度、三月が十五日程度とそれぞれ短く合計でも五十日程度しかない。「一月は行く、二月は逃げる、三月は去る」と言われるように次の月にすぐ移っていく。これまで以上に各月に応じた危機管理マネジメントのポイントを絞って対応することが肝心である。卒業式、修了式、学習の一年のまとめ、卒業生を送る会・お別れ会、学年や学級づくりの成果や課題等々、一年の総まとめ・総仕上げの時である。子どもたちの心が浮き足立ったり、昂揚したりするときである。教職員は年度末の人事評価、異動等が気になるところである。年度末の仕事で無理をする教職員も出てこよう。こうした状況を踏まえ、三学期全体の危機管理マネジメントを視野に入れて各月をマネジメントしていきたい。これを踏まえて一月・二月を一体的に捉えて危機管理マネジメントを進める。

一月、三学期の出発では、冬季休業の生活から不登校気味な子ども、生活習慣が乱れたままの子ども、休業中の事故や病気で登校できない子ども等々も存在する。校長は学校全体の中でそうした子どもの実態や状況を生徒指導主任や養護教諭からの情報を得て把握に努め、学校全体としての共通理解や対応について指導助言しリードする。

○冬季真っ盛りの中で、引き続き、手洗いうがい、状況によって三密回避等を徹底する。
○受験する子どもが多くいる場合、教室の中が閑散としてしまう状況になる場合もある。予想されることであるから、その場合の対応を学校全体として確立しておく。受験する子ども、しない子どもの双方が「がんばってね」「がんばってくるよ」などと互いに声を掛け合い、子どもの関係が温かく思いやりのあるものになるように配慮する。
○寒さで教室に閉じこもっていると運動不足になり、廊下を走るなどしてケガが生じやすくなる。保健の時間や学級活動の時間などに寒さに負けない運動や食事の大切さを全校で一斉に指導することをリードする。
○年度末に向けて予算執行状況を確認する。年度初めに立てた予算が適切・的確に執行されてきたかの最終チェックである。教育活動、学校運営に効果を上げた予算配分であったか、執行状況であったかを精査し、職員会議等において全員で確認する。何か瑕疵があれば速やかに教育委員会に報告し指導助言を受けて対応する。

二月は三学期の中では比較的落ち着いた生活が期待できるが、実質二十日足らずですぐ通り過ぎる。六年生を送る会等の学校行事を中心に生活が展開するが、学習がまとめや仕上げに入り、一年の生活の振り返り等々の中で卒業や進級への期待、喜びとともに不安や心配を感じる子どもでてこよう。そうした一人ひとりにしっかりと目を向けるよう指導助言する。

教職員に対しては、年度末の職務遂行に当たって見通しをもって進めること、卒業式、入学式、送る会などの行事の実施に齟齬のないように努めることを助言する。子どもたちの作品等で預かっているものは早めに少しずつ返却することを依頼しておく。

3月

◆三月…年間の危機管理の振り返りをし、危機管理マニュアルを更新しているか

この一年、事故・事件等の大・中・小・未然に関わらず、どのような問題等の発生や発見があったかについて、その状況や対応、解決・未解決等々を総ざらいして以下の観点から把握する。

◇危機の状況を事前に察知し回避することができたか。
◇危機の状況を把握し、速やかに回復させることができたか。
◇現在も継続している危機回復の取組はあるか、どうなっているか。
◇危機が生じないようにする取組は万全だったか。
◇子どもたちの安全意識は高いか、危機回避や身を守る資質能力は十分に育っているか。
◇教職員の危機管理能力は向上しているか、機能しているか。
◇危機管理に関する研修は充実しているか。
◇日頃から危機管理に関する関係機関との連携は密に取れていたか。
◇保護者や地域の人々との連携・協力体制は機能していたか。

などなどである。それぞれによかったことや効果のあったことを明らかにし今後継続する。問題点については改善が図られているかを確認する。改善点については、具体的な取り組み方を明

らかにし、危機管理に関する各計画に加除修正して次年度に引き継ぐようにする。これもカリキュラム・マネジメントの一つである。重要なことは危機管理マネジメントにおいてもマネジメントサイクルを確立し次年度に具体的につなぐことである。サイクルを確立しなければ再発の可能性が高くなることが心配される。心して「A」を「P」につなげ、安全・安心を確立する。

また、年度内に解決できなかった事案がある場合は、これまでの危機管理マネジメントの経過を詳細に記録して引き継ぐようにする。同じ記録を教育委員会にも報告しておきたい。

危機を発生させる要因の多くは人であり、これを未然に防ぐのも人である。「人は石垣・人は城」との武田信玄の言葉のように危機管理も人材の育成の重要な視点であり、危機を察知し未然に防ぎ、自分の身を守れる子どもを確実に育むことのできる教師の育成も重要な危機管理であることを確認しておきたい。

以上、各月ごとに危機管理マネジメントの実際を見てきたが、危機の種や芽はこれらだけではない。ＩＣＴ教育や働き方改革、部活動等々、新たな取組はこれまで予想しえなかった危機の種や芽を含んでいると言ってもよいだろう。そうした状況も考えて危機管理マネジメントをリードするのが校長の役目である。

資料

- 一年間の学校運営一覧
- 校長先生年間カレンダー

6月	7月
☆学校生活を充実させ、よさを表現し認め合う。	☆まとめをし、成果（自分の成長）と課題（もっと生かしたい、発揮したい自分の姿）を２学期につなげる。
○学習指導 ・一人ひとりが「わかる、できる」ことを実感できることを大切にする。 ・小さなこと、少しの前進でも認め子ども一人ひとりが個々の課題をもち、継続して取り組むことができるよう励ましていく。 ・学校公開を通して、学級がまとまりめあてをもって学習する姿を保護者に知らせるようにする。 ○生活指導 休み時間の過ごし方を工夫しましょう ・運動会までに身に付けた集団行動をもとに、互いに協力して生活できるようにしていく。 ・休み時間の過ごし方を子どもと教師が一緒になって考え工夫していくようにする。 ○特別活動 ・雨の日の過ごし方について、子ども一人ひとりの発想を大切にした話し合い活動の中、ルール作りを進める。 ・たてわり生活班を生かし、関わりの中で、集団の一員としての役割を自覚できるようにしていく。 ○その他 ・水泳指導開始 ☆水泳指導は安全第一とする。次に泳力の向上を図る。健康管理に留意する。 ・道徳公開 ・意見交換会開催。	○学習指導 ・子どもの４月のめあてがどのように実現できたかを評価することができるようにする。 ・１学期に学習したことを生かし夏季休業中に子ども一人ひとりが課題をもって取り組めるよう活動を進める。 ○生活指導 正しい言葉づかいをしましょう ・１学期の生活を振り返り、指導の重点「あんぜん・あいさつ・あつまり・あとしまつ」についての自己評価を進める。 ・夏季休業中の過ごし方について指導をし、子どもが自主的によりよい生活を計画できるようにする。 ○特別活動 ・子どもたちの発想を生かした生活向上の取組を推進し、学級、学年、全校が共通に取り組むことの意義を実感できるようにする。 ○その他 ・保護者会：一人ひとりの子どもの学級集団、学校生活への寄与などについての変容を伝える。 ・学校保健委員会：子どもの心身の健康に関して、家庭、地域、学校医、学校が情報交換し、学び合う機会とする。 ・学校評価（教師）：教育計画に基づき、子どもの姿を通して１学期を評価し、２学期の教育活動につなげるようにする。

【1学期の学校運営】 目標や課題をもてるようにする学期

4月 ☆目標をもち、学級、学年、学校のまとまりをつくる。	5月 ☆目標の実現に向けて、学校のまとまりをはぐくむ。
○学習指導 ・子ども一人ひとりの期待や意欲、不安の理解を深め、個に応じた支援を中心とした指導を工夫する。 ・15分の基礎学習を有効に活用するための実践を進め工夫する。 ○生活指導 気持ちのよいあいさつをしましょう ・新しい学年、学期をうけ、指導の重点「あんぜん・あつまり・あいさつ・あとしまつ」及び廊下の歩行について、子どもと話し合い、定着を図る。 ○特別活動 ・遠足や一年生を迎える会が、新しい学年・学級のまとまりをつくる機会となるよう工夫する。 ・クラブ、委員会、係等の活動において、めあてをもたせ、自主的に進められるようにする。 ○その他 ・諸検診を自己の健康に関心をもち、生活の在り方を考える機会となるようにする。 ・保護者会等で新学年・新学級の方針を明確に伝え、保護者の期待や意向をしっかりと受けとめる。 ・保護者会の開催日を保護者との交流の機会ととらえ、学級担任だけではなく、学校全体で保護者の相談等に応じるようにする。 ・体育の学習、遠足、検診等を通して、集団行動を身につけさせる。 ・新しい生活時程の定着に努める。	○学習指導 ・個別指導を充実させ、子どもたちが「わかる」実感をもつことができる指導を工夫する。 ・運動会練習中心の時間割の中で、子ども一人ひとりが無理のない活動ができるように工夫する。 ・15分の基礎学習の成果をあげていく。 ○生活指導 進んできまりを守りましょう ・連休、運動会練習等で生活のリズムをくずすことのないように子ども一人ひとりの行動に気を配る。 ・運動会練習時の校庭等への移動中のマナーについて指導を進める。 ○特別活動 運動会〈1学期の中心行事〉(6/3) ・学年、学級のまとまりをもとに全校の児童が運動会全校目標のもと、一つになり存在感・一体感・充実感を実感する機会となるように支援する。 ・保護者・地域社会に本年度の○○小学校の出発の姿を示すよい機会とする。 ・地域社会や高齢者との触れ合いを大切にし、社会の一員としての自覚を高める機会とする。 ○その他 ＰＴＡ歓送迎会 個人面談1～5年 グループ面談6年

11 月 ☆学習の充実をめざし、互いのよさを学び合う。	12 月 ☆まとめをし、成果と課題を 3 学期につなげる。
〈研究発表会〉 これから求められる学習指導、教育課程について、実践をもとに発表し、子どもの姿から、その成果を問う。 ○学習指導 ・基礎的・基本的な力の確実な定着を一斉型学習と個別指導の調和を図る。 ・小さなこと、少しの前進でも認め、子どもが個々の課題をもち継続して取り組むことができるよう励ます。 ○生活指導 ・会釈や言葉遣いなど、礼儀作法について共通の視点から指導していく。 ・生活指導全体会等を通して、子どもを「ひとりをみんなで」の視点から全教職員が理解し指導できる能力を高める。 ・避難訓練：二次避難の方法について吟味を加え、実践する。 ○特別活動 ・交流祭りに向けて、子どもたちが創意工夫を生かして計画、準備を支援し、楽しい学校づくりに主体的に関わっていこうとする意欲を育てる。 ○その他 ・就学時健康診断：学校を理解・選択していただく機会、就学までの育児を啓発する機会ととらえる。 ・個人面談：個性（よさ）の認識と伸ばしたい方向について保護者とともに共通理解する場とする。 ・学校公開等の子どもの姿から、保護者からの要望や情報を受けとめる機会とする。	○学習指導 ・身に付いた基礎的・基本的な力を生かして一人ひとりの学びを豊かにしていく。 ・課題設定や解決の過程、体験的な活動における具体的な姿の中で、工夫点・努力点などを見えるように示してやり、実感できるようにする。 ・基礎学習の成果を評価する。 ○生活指導 ・2 学期の生活を振り返り、指導の重点「あんぜん・あいさつ・あつまり・あとしまつ」「廊下の歩行」「校内の美化」についての自己評価を進める。 ・冬季休業中の過ごし方について指導し、子どもが自主的に計画・実行できるようにする。 ○特別活動 ・ユニセフ募金を通して、世界に目を向け、共生の視点に立って支援する意義に気付かせ、自主的に活動していくよう指導する。 ・話し合い活動の中で、2 学期をふり返ることができる。 「交流祭り」：子どもたちの発想や発案を生かした活動を通し、子ども同士が関わりを深めるよう支援する。 ○その他 「音楽発表会」保護者や地域の人々が期待している。子どもの表現活動の機会として、無理のない計画で行う。音楽の授業に位置づける。 ☆学校評価（教師） カリキュラム・マネジメントの充実に向けて ・効率的・建設的な評価を計画し、実施する。 ・組織の在り方、運営の仕方の改善を目指す。（省力化、特色ある教育活動の視点から）

【２学期の学校運営】 目標や課題を追究し、実現、解決する学期

9月 ☆２学期の目標と見通しをもつ。	10月 ☆目標をめざして、よさを発揮しあう。
○学習指導 ・夏休みに高めた自己を認め合う場を設け、２学期への期待や意欲につなげる。 ・基礎的・基本的な力の定着に努め、「わかる、できる、つかえる、つくる」授業を進める。 ・基礎学習の時間の充実を図る。 ・体験的な学習、課題解決学習を意図的、計画的、継続的に取り入れる。総合的な学習の時間＝実践と充実（計画の見直し） ・ＩＣＴ活用の推進、高学年の専科制の推進。 ・学校内の教員だけでなく、家庭・地域社会の人材に積極的に声をかける。 ○生活指導 ・長期休業あけの生活がスムーズにスタートできるように、子ども一人ひとりに声をかけ指導にあたる。 （基本的なやくそく）・校内外の歩行 ○特別活動 ・新学期の学級の子ども一人ひとりの役割を決め、自主的・自発的に活動できるよう意欲を高める。 ・主事との関わりを大切にした交流活動を実施する。感謝の気持ちをあたたかく伝え、見通しをもって自主的に活動できるよう指導を工夫する。 ○その他 ・保護者会で２学期の方針を明確に説明する。保護者の期待や意向をしっかりと受けとめる。 ・学年会の充実：見通しをもった指導を進める。（専科の参加）	〈中心行事〉学習発表会 ・教科・総合的な学習の時間で学んだことを進んで発表し合う。 ・発表に向けて互いに協力し合い、学習の成果を認め合う。 ・保護者・地域の方々に学習の成果や児童の成長の様子を知っていただく。 ○学習指導 ・基礎的・基本的な力の定着を図る。 ・体験的な学習、課題解決学習の充実を図る。 ・子ども一人ひとりが自ら考え学習する機会と場を積極的に設けていく。 ・学習発表会に向けた指導を計画的に進め、子どもの自主性・創造性が生かされるようにする。 ・道徳科の時間の授業の充実を図る。 ○生活指導 ・休み時間の過ごし方について、安全面からの指導を行う。 ・指導の重点の一つ「あいさつ」の会釈。教師同士が会釈をし合う姿を見て子どもたちが行う習慣づけにつなげる（教師がお手本）。 ・後期たて割生活班活動開始 ○特別活動 ・後期委員会活動、代表委員活動開始。自主的・自発的・創造的な活動に向けた意欲付けを進める。 ○その他 ・学年会の充実：学習発表会、研究発表会に向けた共通実践を深める。 ・日常の授業について、「わかる、できる、つかえる、つくる」の視点から、授業実践を進める。 ・秋の学校公開・道徳授業地区公開講座 ・保護者・地域の人々に、子どもの姿を通して、教育活動の成果を示す。意見交換を積極的に進め、今後の連携・協力を図る。

3月 ☆1年間のまとめをし、進級・進学への希望と自信を育む。	年度末 教育活動・学校運営の評価の視点
○学習指導 ☆1年間のまとめを通して ・基礎的・基本的な内容がどの程度身についているか、子ども一人ひとりを評価し、個に応じた指導を進める。 ・子ども一人ひとりが自分のよさや成長を自覚し、進級・進学に自信がもてるようにする。 ・課題解決学習における自己評価の指導を行う。 ・１年間の学習成果をまとめる機会と場の設定。 ○生活指導 進んで学校をきれいにしましょう ・１年間の生活を振り返り、子どもが自己評価できるようにする。 ・指導の重点について 、子どもの変容や実態をとらえ、来年度につなげる指導を行う。 ○特別活動〈3学期の中心行事〉 「６年生を送る会」 ・楽しい校風を実感する中、自他のがんばりを振り返り、進級・進学への希望と自信をもつ機会とする。 ・子ども自身が集団活動を振り返り、役割を自覚し互いに尊重しながら活動できたか評価する機会を設ける。 (「キャリアノート」の活用) ○その他 ・学年末保護者会：来年度教育課程の保護者への説明 ・６年生を送る会からの鼓笛引き継ぎ ・卒業感謝の集い ○総仕上げー卒業式	○特色ある教育課程の編成・実施 ・教育目標の具現に向け、教育計画、年間指導計画にそって創意工夫したか。新年度計画の趣旨・力点の理解は十分か。 ○学習指導の質的転換 ・「わかる・できる・つかえる・つくる」「かかわり・こだわり・がんばり」の視点で質的変換が図られたか。 ○生活指導・教育相談の充実 ・指導の重点の徹底を図り、子どもによる楽しい学校生活づくりに向け、どのような支援が効果的だったか。 ・「ひとりをみんなで」の視点で、子どもと関わることができたか。 ○学年・学級経営の重視と開かれた経営の工夫 ・学年が組織的に活動し、一体感の中で見しをもち活動できたか。 ○学校運営の工夫 ・共通理解のもと、効果的な運営と着実な校務分掌の遂行ができたか。 ○教育環境の有効活用と整備 ・子どもの活動が発展するよう校内外の教育環境を活用できたか。 ・教育内容と関連させて教育環境の活用を進めたか。 ○学校予算の効果的な編成・執行 ・計画的かつ有効に執行できたか。 ・「リ・デュース、リ・ユース、リ・サイクル」の視点で有効活用できたか。 ○保護者・地域の人々との連携・協力 ・自らも地域社会に関わったか。 ・家庭・地域の教育力の導入に積極的であったか。 ・学校運営協議会と連携協力を進めてチーム学校として機能したか。 ○外部の研究組織・機関の活用と交流 ・積極的に参加し交流して自己啓発を図ったか。 ○個々の教職員の研修と自己実現 ・自己のライフステージを描き、資質や能力の向上を目指したか。 ・公務員としての認識及び自覚を深め、行動したか。

【3学期の学校運営】 評価・定着・改善の学期

1月	2月
☆3学期の目標と見通しをもつ。	☆身に付けた力を発揮し、互いのよさを高め合う。
○学習指導 ・基礎的・基本的な内容を確実に身につけさせることを重点に指導 ・道徳科の授業の改善・充実 ・子ども一人ひとりがじっくりと学習に取り組めるよう、支援を中心とした学習指導の充実、時間割の弾力的な運用を一層推進する。 ・書写を、一人ひとりの子どもがめあてをもって取り組み、校内書きぞめ展へ出品できるようにする。 ☆きめ細かな個に応じた指導の推進の観点から、少人数授業、教科担任制を意識して取り組み、協働的な指導を工夫する。 ○生活指導 進んできまりを守りましょう ・冬季休業後の学校生活への適応指導 ・廊下の歩行の徹底指導。共通に、一斉に、教師が見本 重点の定着 「あんぜん」…自分を、友達、まわりを 「あいさつ」…進んで、だれにでも（来客への会釈、登下校時、職員室への入退室時） 「あつまり」…時計を見て行動（朝会、集会時、体育学習） 「あとしまつ」…落ちているゴミ、下校時の教室 ○特別活動 ・新しい年の約束を学級の子ども全員でつくり、全員が共通の理解のもとに取り組めるようにしていく。 ・よりよい学級を目指し、子ども一人ひとりが役割を分担し、係活動ができるようにしていく。 ○その他 ・保護者会で3学期の方針を明確に伝える。また、保護者の期待や意向をしっかりと受けとめる。	○学習指導 ・基礎的・基本的な内容を確実に身につけさせる指導の推進 ・道徳科の授業の充実 ・課題解決学習の充実と相互評価。個々が課題追究の中で得たことを伝え合う場を設定する。発表会等の表現する場を通して課題や発表内容、発表の仕方について互いのよさを認め合い、高め合うことができるようにする。 〈学校公開・道徳公開講座〉 1年間の学習で身につけた力を発揮し、互いのよさを高め合い、本校の教育への理解を得る機会とする。 ○生活指導 休み時間の過ごし方を工夫しましょう ・「あんぜん・あいさつ・あつまり・あとしまつ」を自分から積極的に実践できるようにしていく。 ・休み時間の校内や校庭で安全な過ごし方について指導の徹底を図る。 ・看護体制の見直しを図る。 ○特別活動 〈中心行事〉「6年生を送る会」の準備。 学年・学級児童が送る会に向けて、方法や手段などを考え、協力して活動できるようにする。 ・クラブ発表会、体験入部（3月）等を通して子どもの自発的欲求が満たされていくように配慮する。 ・お別れ会食会

校長先生年間カレンダー

4月　出会いとスタート

■学校経営：子ども・教職員等との出会いとビジョンの提示
■講話：楽しく充実する学校生活づくりに向けた講話
■危機管理：システムの把握と危機の想定

5月　子ども第一のビジョン

■学校経営：学校経営ビジョン実現の阻害要因や課題を見つける
■講話：目標めざして学校・学年・学級づくりを励ます講話
■危機管理：プロブレムファーストの共通理解

12月　次年度の展望と計画

■学校経営：成果や課題を次年度にどうつなげるか展望と計画を練る
■講話:伝統と文化を守り、つなげ、創る認識を深める講話
■危機管理：危機管理の総括的評価と冬の健康の管理

1月　次年度の教育課程編成

■学校経営：１月～３月の短期を重点化で乗り切る
■講話：時代の空気や背景を伝える講話
■危機管理：３学期全体を見通した危機管理マネジメント

2月　新たな学校文化のデザイン

■学校経営：組織運営の改善と新年度の計画立案
■講話:目指してきた諸目標の確認・振り返りと総仕上げの意識化の講話
■危機管理：卒業や進級への不安への対処

3月　総仕上げを次年度へ

■学校経営：学校経営ビジョンの更新、新たな学校づくりの出発点
■講話：子どもが学校づくりの主役となったことを確認する講話
■危機管理：年間の危機管理の振り返り、危機管理マニュアル更新

6月　ビジョンに沿った学校づくり

■学校経営：自らのカラーを具体的に表現し、示す
■講話：子どもたちが主役となる生活づくりのための講話
■危機管理：メンタルヘルスへの配慮

7月　後手から先手への転換点

■学校経営：ふんばりどころ、見直しどころ、切り返しどころ
■講話：長期休業に向けた生活づくりのための講話
■危機管理：抜け・もれ・見のがしはないか？

8月　先を見通し、足元を固める

■学校経営：中・長期的な展望と計画を見据える
■講話：長期休業に向けた自律的な生活づくりのための講話
■危機管理：危機予防の取り組み

9月　目標の意識と取組アップ

■学校経営：目標実現に向けた取組の方向性、計画・見通しを持つ
■講話：１学期の積み上げをつなげ、質の高い学びを作るための講話
■危機管理：いじめ、不登校などへの対応の原則の共通理解

10月　教師の力量アップ

■学校経営：個に応じた人材の育成、実りの秋は教師から
■講話：過去・現在・未来をつなぎ、成長を実感させるための講話
■危機管理：苦情・難題対応の基本

11月　子どもたちの実り

■学校経営：子どもたち一人ひとりの実りの姿を捉え、さらに先へ
■講話：深い学びへ教職員・子どもをリードするための講話
■危機管理：安全教育の充実・自分の身は自分で守る

おわりに

教育行政職の管理職四年を経て、校長職を十年経験した。この間、東京都公立小学校長会及び全国連合小学校長会の会務運営に関わり、調査研究部長・対策部長、副会長等を歴任し、最後は会長として東京都・全国や都及び区の校長とともに我が国の教育の振興、校長の職能の向上、教育課題の解決、教職員の待遇改善等々の実現を目指して全力を尽くしてきた。もちろん自らの学校経営も同様である。この間、全国の仲間と教育談義や学校経営についての議論などを通して交流してきた。各地の学校経営に力を発揮し学校を変えていく素晴らしい校長に出会い多くのことを学ばせていただくことができたことは幸せであった。この間に学んだこと経験したことは本書の内容に生かすよう努めたつもりである。

校長を退いてからは、学校経営について依頼された論文執筆や講演等を行いながら、校内研究・研修の講師として学校に関わってきた。学校・先生方の研修の応援とともに校長の学校経営を側面から支援する思いがあり、相談に乗ることもたびたびあった。一方で学校経営の工夫や新たなチャレンジの話も沢山伺うことができたことも勉強になった。こうした経験から学んだことも本書の執筆に生かすことができ、機会を与えて頂いたことへの感謝の思いで一杯である。

最近になって、論文執筆、講演、校内研究・研修講師等の経験の数々、学会や研究会、読書等で学んだ事々を自分だけのものにし埋もれさせずに、これから校長を目指す先生、今校長としてさらに高みを目指す先生方の未来に向けた学校づくりのために何か役に立てることはないかと思案した結果生まれたのが本書『校長の条件』である。

校長になるために、校長になって職責を果たし、未来を拓く子どもたちをしっかりと育てるためにどんな力が必要か、どのように学校経営を進めていけばよいかについて、これまでの経験とこれからの社会の姿を可能な限り想定してまとめてみた。その結果、よく言われる「不易と流行」の合体の内容となったように思う。また、「校長の条件」と題したが、見方を変えると「学校の条件」を著したようにも思える。「こんな学校になったらいいいな」という思いである。そのために校長は何をすべきか、これは「校長の条件」と言えるだろう。

読み返すと足りないと思えるところが多々あるが、自身の力量の限界と紙幅の関係でここまでとなった。足りないところがあればお許しいただくとともに、本書の内容をどのように生かすかは読者の先生方にお任せしたい。何か参考になるところがあり、ご活用いただければ幸いである。

校長職を終えて職を去るときの思いを振り返ってみた。

三月三十日（金）、最後の公務を終え、教職員と別れの挨拶を交わし見送られ、門の外で校舎に一礼して学校を去った（その夜、送る会が三次会まで続き、別れを惜しんだ）。十年で二校勤めた校長職を退き振り返ってみると、自分なりの学校経営ビジョンで学校づくりを進めてきたが、様々な問題に出会い対処・対応してきた。それでも子どもの大きな事故や事件はなく終えられたことはホッとする思いであった。多くの教職員、保護者、地域の人々等に支えられてきたことのお陰であり感謝あるのみである。希望や勇気を与えてくれた子どもたちとの出会いや関わりに喜びと感謝の思いが込み上げてくる。

退職後の朝、近所の学校のチャイムの音で緊張が蘇ったり、「あ、始まったな」と思いだしたりしながら、「肩の荷が下りる」と言うことを実感した。一方で、子どもの笑顔、元気な声が遠くなることの寂しさも感じた。その後、校内研究・研修で学校にたびたび伺い、子どもたちの学びの姿を目の当たりにするようになり、それが楽しみにもなり、元気をもらっている。

退職してから自分の学校経営はどうだったのか、どう評価すべきかが気になっていた。そんな時、ある本で老子の言葉に出会った。「最高の指導者は人々にその存在を気付かせない。その次の指導者は人々に称賛され、それに次ぐ指導者は人々に恐れられ、最悪の指導は人々に憎まれる。最高の指導者が事業を達成したとき、人々は『われわれがやった』という」という言葉であった。校長として自分がリードしていろいろと改革・改善をしてきたという自負と思いがあったが、「教職員はどうだったのだろう、やらされたと思っているのだろうか」と気になりだした。退職した後、旧職員の集いの会があった。「さあ、みんなどんなことを言うだろうか」と聞き耳を立てていた。

聞こえてきたのは「あれは自分がやった」「みんなで協力してやった」という声が出され、「校長に言われてやった」という声は出なかったのでホッとした思いであった。最高の指導者とは到底言えないが、「まあ、まあじゃない」程度にはなっていたかなと密かに安心した。

退職後、家族からは、「子どもや学校に何かあったらといつも心配していたけど、とにかく定年退職を迎えてほっとした」と聞かされた。心配をかけていたのだ。がんばっていたのは自分だけではないことを改めて実感したのを覚えている。それから早十六年。こうして本書をまとめるまでに至ったのは、家族が健康に気遣っていてくれたおかげである。あらためて感謝し家族に本書を捧げたい。

本書の発刊に当たって、教育出版教育研究所の山下隆史所長のご支援のおかげで出版の機会をいただき、また、教育出版株式会社書籍部の阪口建吾氏、武井学氏の貴重なご指導・ご助言及び励ましをいただき本書をまとめることができた。心より御礼を申し上げる。

二〇二二年十二月　　寺崎千秋

【参考図書等】

・飯久保廣嗣著『問題解決の思考技術』日本経済新聞社　1991.6.21
・M・ハマー＆J・チャンピー著　野中郁次郎［監訳］『リエンジニアリング革命』1993.11
・大沢武志著『経営者の条件』岩波新書　2004.9
・菱村幸彦編著『新訂第２版』教育法規の要点がよくわかる本 2020』教育開発研究所 2020.9.1
・河合雅司著『未来の年表１』講談社現代新書　2017.6 『未来の年表2』同前　2018.5
・アンドリュー・スコット／リンダ・グラットン著／池村千秋訳『LIFE SHIFT 100 年時代の人生戦略』東洋経済新報社　2016.11
・アンドリュー・スコット／リンダ・グラットン著／池村千秋訳『LIFE SHIFT 2 100 年時代の行動戦略』東洋経済新報社　2021.11
・教育新聞『FUTURE EDUCAITION 学校をイノベーションする 14 の教育論』岩波書店 2020.11
・佐藤　学著『第四次産業革命と教育の未来』岩波ブックレット　2021.4
・諏訪哲郎編著『学校 3.0 × SDGs』（株）キーステージ２１　2020.2
・南博・稲場雅紀著『SDGs―危機の時代の羅針盤』（岩波新書）2020.11
・高橋純編著『はじめての授業のデジタルトランスフォーメーション』東洋館出版社　2021.3
・篠原清昭・大野裕己編著『Ｗｉｔｈコロナの新しい学校経営様式』ジダイ社　2020.9
・加藤幸次著『カリキュラム・マネジメントの考え方・進め方』黎明書房　2017.4
・教育開発研究所編『教育の最新事情がよくわかる本 2020』2019.10
・合田哲雄著『学習指導要領の読み方・活かし方』教育開発研究所　2019.7
・天笠　茂著『新教育課程を創る　学校経営戦略　カリキュラム・マネジメントの理論と実践』ぎょうせい　2020.4
・那須正裕著『資質・能力と学びのメカニズム』東洋館出版社　2017.5
・鹿毛雅治著『授業と言う営み　子供とともに「主体的に学ぶ場」を創る』教育出版 2019.8
・多田孝志著『対話型授業の理論と実践　深い思考を生起させる 12 の要件』教育出版 2018.10
・田村　学著『深い学び』東洋館出版社　2018.4.13
・現代学校経営研究会著『新学習指導要領を推進する学校マネジメント』学事出版　2018.12
・妹尾昌俊著『教師と学校の失敗学』ＰＨＰ新書　2021.5
・加藤幸次著『個別最適な学びと協働的な学びの考え方・進め方』黎明書房　2022.3
・安彦忠彦『来たるべき時代の教育と教育学のために』教育出版　2022.8
・一般財団法人教育調査研究所『教育展望』2019.7・8「AI 時代の教育」
・同前　『教育展望』2021.1.2「WITH コロナ時代の教育の方向性」
・同前　『教育展望』2021.5「令和の日本型学校教育の学校経営と教育活動の展望」
・同前　『教育展望』2022.4「学校を問い直す」
・同前　『教育展望』2022.5「ＧＩＧＡスクールの現状と課題」
・同前　『教育展望臨時増刊』『変革の時代の学校教育を展望する』Ⅰ・Ⅱ　2021.7・2022.7
・研究紀要 96 号『小・中学校における「カリキュラム・マネジメント」の現状と今後の課題』一般財団教育調査研究所 2016.7
・研究紀要 97 号『小学校における「主体的・対話的で深い学び（アクティブラーニングの視点）の実現に向けた授業改善」について』同前　2018.9
・研究紀要 98 号『中学校における「主体的・対話的で深い学び（アクティブラーニングの視点）の実現に向けた授業改善」について』同前　2019.7
・研究紀要 99 号『小中学校における言語能力育成の現状と今後の取組について』同前　2020.5
・研究紀要 100 号『コロナ禍における子供の変化と学校経営の改善』同前　2021.5
・研究紀要特別号『GIGA スクールと情報活用能力の育成について』同前　2021.6
・研究紀要 101 号『ＩＣＴを活用した授業改善の推進』同前　2022.5

■著者略歴

1946（昭和 21）年、東京都生まれ。69（昭和 44）年、東京学芸大学卒業。70（昭和 45）年から東京都都公立小学校教諭２校。84（昭和 59）年、東京都教育庁指導部指導部指導主事（心身障害教育指導課、初等教育指導課、指導企画課）、93（平成５）年主任指導主事（環境教育・幼児教育担当）、95（平成７）年都立教育研究所教科研究部長。97（平成９）年、練馬区立開進第三小学校校長、03（平成 15）年、同　光和小学校校長。この間、東京都公立小学校長会会長、全国連合小学校長会会長、全国小学校生活科・総合的な学習教育研究協議会会長、日本生活科･総合的学習教育学会常任理事、中央教育審議会初等中等教育分科会臨時委員。2007（平成 19）年３月、退職。退職後今日まで、一般財団法人教育調査研究所評議員・研究部長。この間、国立大学法人東京学芸大学教職大学院特任教授、文部科学省政策評価に関する有識者会議委員、日本生活科･総合的学習教育学会常任理事等を歴任。各学校の校内研究・研修講師、教育委員会等の研修会講師、２校の学校運営協議会委員を歴任。専門は、学校経営、教育課程、生活科・総合的な学習、社会科等。著書・編著は『校長力を高める』教育開発研究所（2006)、『教頭力を高める』教育開発研究所（2007)、『学校管理職のための問題解決』ぎょうせい（2011)、『寺崎千秋の学校経営相談室』教育開発研究所（2013)、『教務主任実務ハンドブック』教育開発研究所（2016)、等多数。

以下は最近の論文

- 「わが校の教育課程をどう描くか―新学習指導要領全面実施に向けたカリキュラムづくり」ぎょうせい『リーダーズ・ライブラリ』Vol12　2019.3
- 「授業力を上げるためにリーダーは？」ぎょうせい『新教育ライブラリ Premier』2020.5～2022.3
  第１回「「使命感、熱意、感性」の涵養」 第２回「児童生徒理解の重視と生かし方」 第３回「これからの授業の統率力」 第４回「指導技術の向上」 第５回「教材解釈・教材開発の力量を高める」第６回「「学習指導・学習評価計画」の作成・改善」
- 「いじめのない学級づくり」一般財団法人教育調査研究所『教育展望』2020．5
- 「夏季休業後の学校再開に向けたカリキュラム・マネジメント」同『教育展望』2020．9
- 「教育課程の基本方針を学校経営計画に示す」ぎょうせい『学校教育・実践ライブラリ』2020.2
- 「資質･能力を育成するためにどのように学びを深めればよいか」一般財団法人教育調査研究所『教育展望』臨時増刊 52 号 2020.7
- 「学級経営案の作成と実施について」同『教育展望』2021.7
- 「『令和の日本型学校教育』をどのように進めるか」同『教育展望』臨時増刊 53 号 2021.7
- 「見方・考え方を働かせる授業の進め方のポイント」同『教育展望』2021.4
- 「講座校長学　新しい時代のリーダーシップ」ぎょうせい『新教育ライブラリ Premier Ⅱ』2021.4～2022.2
  ６回連載　第１回「未来を見据え視野を広げる」 第２回「展望を開き計画を示す」 第３回「ビジョンを実現する人財育成」 第４回「重大事故からヒヤリ･ハットまでの危機管理」 第５回「学校を変えられるのは校長しかいない」 第６回「子どもの未来を拓く教育内容･方法のレベルアップ」
- 「教科担任制導入と学校マネジメント」一般財団法人教育調査研究所『教育展望』2022.3
- 「児童生徒に対する質問紙調査の結果と分析」研究紀要第 101 号『ＩＣＴを活用した授業改善の推進』一般財団法人教育調査研究所 2022.5
- 「子どもが主体的に学びを深める学校教育の在り方」一般財団法人教育調査研究所『教育展望』臨時増刊 54 号 2022.7
- 「管理職は先生の心の問題にどう取り組むか」同『教育展望』2022.10

校長の条件

2023年3月1日　第1刷発行

編著者　寺崎千秋
発行者　伊東千尋
発行所　教育出版株式会社
〒135-0063　東京都江東区有明3-4-10　TFTビル西館
電話　03-5579-6725　振替　00190-1-107340

印刷　神谷印刷
製本　上島製本

ISBN978-4-316-80510-8　C3037